Beilagen

Semmelroch

Inhalt

Der Lauf des Lebens

Daheim

Kalenderblätter

Kurzporträts

Der Lauf des Lebens

Angefangen hat es, wie so oft, mit dem Geborenwerden, dessen Startschuss ich dem sogenannten „Römischen Roulette" – einer Empfängnisverhütung, wie sie der Papst empfiehlt – und dessen Stattfinden ich der Wahrscheinlichkeitsrechnung zu danken habe. Die freilich widerlegte ich im Augenblick meines Erscheinens, indem ich mich einem männlichen Brüdertrio zugesellte, obwohl mein Vater nur Töchter gewollt hatte.

Als unser Kölner Haus dem Druck der Bomben nachgab, verschlug's mich ins großelterliche Haus nach Grafing, aufs Dorf, unter Hühner und Bayern. Sommers ging man da barfuß zur Schule, winters verpassten mir meine Eltern einen ererbten Wollmantel, eine ländliche Abnormität, die mich rasch gegen Kälte abhärtete, da ich den Mantel natürlich aufgerollt unterm Arm versteckte.

Der vielgerühmte Sprachwitz der Kinder konfrontierte mich alsbald mit Variationen meines Familiennamens, der ja in voller Länge „Skasa-Weiß" lautet und damit eine Herausforderung darstellte: „Kaas, gib ma-r-an Kaas!" war der eine Spottruf, sobald ich mit meinen Absteh-Ohren auftauchte, „kaas-weiß – ui, der Kaasweiß!" war der andere. Der immer und immer wiederholte Vers „Miche-Mache, brunzt ins Kache, 's Kache rinnt, der Miche stinkt" beförderte früh schon mein Interesse an Lyrik und am Sprachwitz des Volkes.

Es kam die Erstkommunion und mit ihr die ersten langen Hosen. Nicht so bei uns, die wir erstens wirklich nichts besaßen, zweitens dörflicher sein wollten als das Dorf, und drittens war mein Vater in seiner Jugend mal Mitglied der Anarcho-Syndikalisten gewesen: das verpflichtete!

Zwischen sechzig dunkelblauen Knabenbeinen leuchten daher aus dem festlichen Foto zwei dürre, nackte Steckerlhaxen raus: meine. Dass die Kniescheiben vor Scham zitterten, sieht man auf dem Foto nicht. In der – natürlich unbehandschuhten – Faust hielt ich meine Kommunionskerze, ein Sparmodell ohne güldne und silberne Verzierungen aus Hartwachs, diesen Drechseleien der Lebzelterkunst, gespickt mit Herzchen, Wölkchen, roten Nägelchen, von Tüll und Myrtenzweiglein umgürtet und mit kristallnen Tropfschälchen gekrönt – ich trug eine schierweiß reine Stearinstange, und als Tropfenfänger hatte mein Vater den Boden einer Camembertschachtel durchgesteckt. So also kam erstmals Jesus zu mir.

Als dann der Heilige Geist nachgeschickt wurde, am Fest der Firmung, da man erstmals eine Armbanduhr erhielt, war ich schon im Internat zu Neuburg an der Donau, einer von 210 Zöglingen. Es war dort billiger als zuhaus, wo es außerdem – in der Großfamilie mit acht Leuten auf fünfzig Quadratmetern – allzu eng wurde.

Auch die Firmung absolvierte ich in der kurzen Blauen, der man jetzt die Umschläge herausgelassen hatte. Obendrein unterschied ich mich dadurch, dass ich als einziger statt des obligaten Firmpaten eine Patin hatte, die aus Köln kam und daher nicht wusste, dass in Bayern die Uhren nicht nur anders gehen, sondern dass sie zur Firmung erst mal geschenkt werden müssen, weil ohne sie die Firmerei ein Witz, ja direkt eine Schande ist.

So also kam erstmals der Heilige Geist über mich. Als kurz danach der Teufel auch noch aufkreuzte, wie das so ist bei 14-, 15jährigen, ging ich zurück nach Grafing und machte in Rosenheim das Abitur. Zusammen mit einem großen Blonden, der ein tollkühner Skifahrer und begabter Schafkopfer war und der mich in einer Kunst, auf welche ich mir besonders viel einbildete – da ich mich nach jahrelangem Duell unter Brüdern für einen Meister hielt –, der mich in eben dieser Kunst glatt an die Wand nagelte oder röhrte. Es war dies die Fertigkeit, mittels starken Luftschluckens aus jenem „Bäuerchen" genannten Kehlgeräusch leibhafte Fanfarenstöße und felsbrockenharte Polterlawinen zu entwickeln. Edmund – so wollen wir den Meister nennen – war mir darin überlegen, ja er brachte es bekanntlich auch sonst noch weiter als ich.

Übrigens waren er und ich die beiden einzigen unserer Klasse, die nach dem Abitur zur Bundeswehr gingen; ich, weil ich das Unabänderliche ganz schnell hinter mir haben wollte, in der Vermutung, die andren träfe es dann nach ihrem Studium. Ich war der Dumme, die anderen wurden nie eingezogen.

„Wart nur, bis du zum Militär kommst, da werden sie dir schon Ordnung beibringen", so hieß es in vielen Familien, wenn grimmig kopfschüttelnde Mütter ihrer Söhne nicht mehr Herr wurden. Der Barras als Schreckgespenst, Ordnung als militärische Strafe.

Die Wirklichkeit war dann freilich anders: Wer, wie ich, leidlich geordnet in Kopf, Seele und Wäscheschrank, eingerückt war, verließ 18 Monate später die Kaserne als wandelnder Sauhaufen, und meine Wehrkraft beispielsweise wurde dabei ziemlich zersetzt. Hatte ich zur Musterung noch angegeben, ich rauchte nicht, noch tränke ich erwähnenswert, so vermied man zur Entlassung schlauerweise die Nachfrage. Meine Antwort wäre gewesen: drei Halbe und 20 Zigaretten täglich.

Das schlunzige Wohlleben in der Kaserne vermittelte eine gehörige Portion von passivem Pazifismus; denn von Woche zu Woche stieg die Apathie in uns, wir schwammen embryonal in einer Brühe aus Untätigkeit und Unflat, nur gelegentlich zu Ansätzen von Vitalität hochgerissen, wenn es nämlich um irgendwelche Ausscheidungskämpfe – im durchaus wörtlichen Sinne – ging.

Mag sein, meine Einheit, die Sicherungsstaffel, war wüster als üblich, jedenfalls *war* sie wüst, vulgär bis tief in die Verlotterung, stupid über jede Vertrottelung hinaus. In dieser Strafeinheit für ganzjährige Biersäufer reduzierte ich mein Vokabular auf die nötigsten Grunzlaute und konnte somit ein halbes Jahr lang meinen einstigen Bildungsstand verheimlichen, bis es doch aufflog und die Empörung darüber, dass sich ein Abiturient eingeschmuggelt hatte, mich, ganz wörtlich, in einen Bierverschiss brachte.

Zu meiner sozialen Wiedereingliederung musste ich zunächst eine fürchterliche Stubenrauferei mit einem sogenannten Kameraden und in der nächsten Woche unter strengster Überwachung eine vehemente Biervernichtungsorgie durchstehen und in der Folge durchliegen. Sie hatten dazu Spielkarten auf den Tisch gelegt und vier Kästen Bier mit 80 Flaschen ins Eck gestellt, dann wurde zu viert „ausgeschöppelt" – einer davon war ich. Die Karten werden dabei reihum ausgegeben, wer einen König kriegt, muss trinken, der vierte König ex. Auf die Art vertilgen sich die 80 Flaschen in knapp einer Stunde, zwischendurch tritt man vor die Barackentür und kotzt die Wand voll, denn Kneifen ist nicht drin. Hat man das überlebt, ist man anerkannt, trotz Abitur.

Unsere Oberen waren froh, wenn die Unteren sie nicht, wie eigentlich vorgeschrieben, zackig grüßten auf den Straßen: so mussten sie nicht zurückgrüßen. Ich kann also nicht sagen, ich hätte in der Schule der Nation nicht fürs Leben gelernt. Körperlich wie geistig robbte ich danach allerdings am Nullpunkt entlang.

Später habe ich studiert, mal hierhin, mal dorthin, alles sehr schön und ziemlich sinnlos. Wie ich grad im ödesten Promovieren war, begann ich mit dem Schreiben von Lob und Tadel, mit Theaterkritiken in Zeitungen also, Geld zu verdienen. Das gefiel mir, das Doktorieren gefiel mir nicht, ich brach es ab. Schauspieler wollt ich auch werden und stand dreimal zu Proben auf irgendwelchen Bühnen, wochenlang. Doch alle drei Male kam es nicht zur Premiere. Ob das immer an mir lag? So versuchte ich mich eben selbst als Regisseur und inszenierte an der Werkstatt des Berliner Schillertheaters eine von mir zusammengefummelte Revue-Collage: irgendwas über 200 Jahre Amerika. Eine der Mitwirkenden hieß Gisela Schneeberger. Eines Probentages fragte sie mich in der Kantine, ob ich viel Geld verlöre, wenn es nicht zur Premiere käme, und sie hätte Erspartes und das könne sie mir geben, falls es jetzt gleich nicht mehr zur Premiere käme. Aber es kam. Die Kritiken – na ja. Als dann meine Freundin zur vierten Vorstellung anreiste und hernach die Kritiken las, meinte sie: „Also du hättest es schärfer verrissen!" So wurde ich eben wieder Kritiker.

Frohe Weihnacht 1947

Das ist jetzt auch schon wieder lang her und war in der Zeit, wie man vom Frühjahr bis in den Herbst hinein barfuß zur Volksschule gegangen ist, ein Haferl für die Schulspeisung im Ranzen und eine Rotzglocke unter der Nase.

Barfußgehen hat man müssen, weil es Schuhsohlen gespart hat, und man hat's auch wollen, weil es schön war, die harten Lehmstraßen zu spüren, die widerborstigen Rossbollen, und am Marktplatz, wo sie grad das Asphaltieren anfingen, den Teer zwischen den Zehen, der leider nur noch mit Bimsstein – und üblicherweise mit ein paar mütterlichen Watschen – abzuwetzen ging. Außerdem sind alle barfuß gegangen, das war einfach nicht anders. Im Winter mussten wir schon Schuhe anziehen, anders hätten die Schlittschuhe nicht gehalten. Und dazu trug man so braune Kniestrümpfe, die mit Strapsen an einem „Leibchen" festgemacht waren. Das System hat sich bis heute kaum geändert, nur dass es bei einer Frau einfach schöner ausschaut.

Wir waren Vier, und ich der Jüngste und Kleinste, noch nicht mal in der Schule, sondern noch im Kindergarten, wo wir vor zwei Tagen ein sauber gereimtes Krippenspiel aufgeführt hatten, mit viel Erfolg und heißem Himbeertee, und ich war der heilige Josef gewesen.

Jetzt aber war Weihnachten, und zwar ein Weihnachten aus dem Bilderbuch: alles voller Schnee, und es schneite immerzu, und aus den Hausdächern kam dicker Rauch, aber die Dächer waren ganz weiß, und weil es noch keine motorisierten

Schneepflüge gab und so gut wie kein Auto, war alles ein großes Wintermärchen mit Trittpfaden durch die Gärten und zum Markt hinein.

Unsern Christbaum hatten wir am Abend vorher schon gestohlen, zusammen mit fünfzig, sechzig Ortskundigen, die auch alle zum Stehlen in der Dämmerung unterwegs waren: Überall schauten Sägen, Hacken, Äxte aus den Rucksäcken und den Kartoffelsäcken, und bei den Heimwärtsstrebenden wippten Tannenzipfel heraus, und man vermied es, sich mit Namen zu grüßen. Übrigens gab es kaum Streit, wenn zwei Parteien zufällig denselben Fichtenschössling ausgespäht hatten. Dann half man sich eben gegenseitig beim Suchen eines zweiten Baums: Es war Weihnachten, vom Krieg hatte jeder genug, jetzt gab man sich friedselig, freute sich auf den Lichterglanz am Baum und in den Kinderaugen – und vor allem aufs Essen und Trinken.

Und dazu bestand durchaus Anlass. Denn Wochen zuvor schon hatte es in manchen Familien Experimente mit Äpfeln, Mirabellen, Weizenkorn, ja auch mit Kartoffeln gegeben: Unbemerkt von amerikanischen Negersoldaten hatte man Tiegel, Kolben und Bunsenbrenner geliehen und in den Kellern und Waschküchen feine Hausbrände destilliert und auf Flaschen gezogen. Obendrein waren auf obskuren Schleichwegen pappsüße Samosweine aufgetaucht und fürs Fest der Liebe gebunkert worden.

Ging man in den dämmernden Schnee-Abenden vor Weihnachten durch die Gassen der Kleinstadt, so vernahm man gedämpftes Quieken, mattes Aufgrunzen und gelegentlich erregtes Schnattern, das nicht von den mehr oder weniger

befriedigten Hausfrauen herrührte, sondern von den klamm-
heimlich großgezogenen Gänsen, Kaninchen und Schweinen.
Deren private Aufzucht war in den Jahren der Markenzutei-
lung strengstens verboten. Die Abstecherei, das mit Knüp-
peln, Messern, Beilen vollzogene Werk der gesetzwidrigen
Bratenbereitung, hatte daher in größter Stille zu geschehen.
Nachbarn, die dennoch Lunte und Fleisch rochen, sei es, weil
das Schwein über ihnen in halbgemetztem Zustand Amok lief,
sei's, dass mit einem Mal Blut von oben die Eisblumenfenster
besprenzte, diese Nachbarn also wurden mit einem Gansjung
oder wenigstens einem Schlag frisch gerührten Bluts einge-
bunden in den Festtagsfrieden.

Dem begannen sich nun, am Heiligen Abend, nach und
nach alle im Ort hinzugeben. Es dampften Selchschenkel und
glasige Sauköpfe auf Kraut, es gab morastig pralle Karpfen,
Gänseschmalz und Entenfett und dazu diesen herrlichen
Süßwein, Maisplätzchen, Nüsse. Die Großväter packten ihre
Kartons, randvoll von gierig aufgelesenen Amikippen, auf
den Küchentisch und rollten daraus neue Zigaretten; dann
wurde der Selbstgebrannte ausgeschenkt, man leckte Fett-
reste von den Lippen und fiel sich gerührt und erstmals
wieder delikatessengesättigt, beim Glanz der tropfenden
Kerzen am Christbaum, in die Arme und um die Hälse: Friede,
Freude, alles war gut!

Zum Dank für so viel Errettung ging nun jeder zur Christmette, voll Liebe zum Heiland, voll Vergebung jeglichem
gegenüber, sogar sich selbst. Der Schnee knirschte im Mond-
licht, die Hände steckten in Kaninchenmuffs, die Seelen
erhoben sich.

Die Kirche wurde voll wie lange nicht mehr. Im Hauptschiff standen sie gar dicht bei dicht im Mittelgang, dass man kaum noch zum Altar vorsah, wo gleich drei Geistliche lateinisch beteten und vier Ministranten die Weihrauchkessel schwangen.

Wir waren auf die Empore hochgestiegen, von wo aus man einen prachtvollen Blick auf den glitzerstrahlenden Altar und die Weihrauchschwaden hatte. Selbst die Empore war übervoll mit zwei-, dreihundert dankbar Singenden und Betenden, Knieenden und wiederum sich Erhebenden. Die Liturgie damals war leicht verwirrend, regte aber den Kreislauf an.

Sangeskünste wie Gedächtniskraft waren nicht sehr stark, wie das stets bei Gemeindegottesdiensten ist, man gab sich mehr der stummen, gelegentlich in Bässen brummenden Versenkung hin, auch hatte man noch einiges zu verdauen oder hing dem Wohlgeschmack des im Hals nachklingenden Kartoffelschnapses nach, so dass es mit dem *Dulci Jubilo* nicht weit her war und das folgende *Es ist ein Ros entsprungen* bald nach der rätselhaften Feststellung „Aus Jesse kam die Art" ins Ungenaue abbrummelte.

Ich stand, sehr klein und eingezwängt, zwischen filzigen Mänteln, aus denen Naphtalin, schmelzender Schnee und Moder dampften; vor mir, in Nasenhöhe, die Spitzschnauze eines toten Fuchses mit Glasaugen und Krällchen, vom Nacken der Metzgersfrau hängend wie bei Habsburger Kaisern. Es wurde, obwohl die Kirchen damals in Frost erstarrt waren, mählich warm und stickig, man stand im Schutz der Kriegsgeretteten in feuchter, dicker Atemluft, die sich mit Weihrauch, Schnaps und Stearin zu einer Ursuppe anreicherte und das Gefühl tiefer Geborgenheit im Schoß der Gemeinschaft verlieh.

Dürre Gestalten, ausgehungert, abgekämpft, standen sie da, manche den Tränen nah, einige mit dem Umkippen ringend – vor Schwäche? wegen des Alkohols? – das ließ sich nicht sagen. Doch alle warteten, süchtig, sehnsüchtig, auf das große Schlusslied der Christmette, auf das Lied dieses einfachen Landpfarrers und des einfachen Schullehrers. Und da wurde es endlich hoch über Empore und Kirchenschiff auf der Orgel intoniert, und sogleich fielen alle, wirklich alle mit Inbrunst ein: *Stille Nacht, heilige Nacht*, und das Tränenvergießen steckte an, je nachdem mit Trauer oder mit Freude gefüllt: „Alles schläft, einsam wacht". Und wie dann alle, nach hochheiligem Paar und lockigem Haar, sich emporschwangen zur „himmlischen Ru-huuu", da schoss, genau in diesem vokalreichen Augenblick, zusammen mit dem herausgeschluchzten und in die Höhe gezogenen „Uhuuu", schoss ein kräftiger Strahl Brühe mir über die linke Schulter und klatschte in den Rücken der Metzgerin, und noch ein Strahl drückte nach, breiter gestreut und schlapper diesmal, aber da hatte sich die Metzgerin bereits umgedreht, dass der Fuchskopf flog, und hatte dem Folgestrahl daher ins Auge geblickt, ihren Gesang jäh angehalten und in einen Fluch verwandelt, denn der Strahl war einfach eklig.

Während ich mich noch verwunderte über die Wucht der waagrecht über meine Schulter abgefeuerten Kotzgarbe und – der Mann musste doch sehr fett gegessen haben – über die zäh bodenwärts rutschende Bescherung auf dem Rücken der Zeternden, wurde abrupt deutlich, dass auch sie, die Metzgerin, den Christabend allzu üppig begangen hatte, denn aus dem eben noch singenden, dann fluchenden Mund drang jetzt gleichfalls eine scheußlich suppige Masse und machte sich platschend neben mir am Boden breit. Was aber darauf geschah, lässt sich nicht anders denn eine Orgie der Abscheulichkeit nennen, ein Bacchanal des Übergebens.

So, als sei damit das Signal zu allgemeiner Entleerung gegeben – und man darf nicht vergessen, wie rasch sich die ohnehin dicke Luft mit stechenden Fusel- und Verdauungsdämpfen auflud und wie das optisch Gemeine der Pfützen und Brocken die sowieso strapazierten Magennerven in Wallung versetzte – nun jedenfalls ging es Schlag auf Schlag, Schwall auf Stoß, es platschte und rieselte, würgte und röhrte: hie schierer Schnaps, da Kürbiskompott, dort Entenstücke schwarzgeschlachtet und da nun wieder Fischragouts, unterspickt mit Kuchenbrocken – das alles in dunkelgelb-rostbraunen Tönen, schwarzgallig durchflossen.

Es stellte sich rasch als der Weihnachtsstimmung abträglich heraus, dass es so kurz nach Krieg und Hunger schon so viel delikate Viktualien gegeben hatte, wovon sich nun eine zügig wachsende Auswahl auf den Holzdielen der Empore, den Betbänken, Mantelkrägen und Schuhen der Gläubigen in steter Ergießung einfand: alles, alles ward befleckt von illegalen Genussmitteln. Der Gesang, mittlerweile bei der dritten Strophe angelangt, bröckelte mehr und mehr ab, nur drunten im Kirchenschiff jauchzten sie innig „O wie lacht / Lieb aus deinem göttlichen Mund", als mit einem Mal ein baumlanger Mann ganz vorn eine schauderhafte Garbe aus seinem klaffenden Sängermund im Bogen über die Emporenbrüstung hinabspie, gurgelnd und am Ende wie erlöst bellend.

Mit dem nun etwas gedämpfter von unten hallenden Reim „Da uns schlägt die rettende Stund" verließen jene, die noch zu fliehen kräftig waren, rumpelnd und keuchend die Galerie; alle zugleich strebten sie in die beiden Treppenhausabgänge, wo sie mit starrem Bodenblick und verzweifelten Hüpfbewegungen das Ausrutschen und Hinschlagen, oft vergebens, zu umgehen suchten. Es war wie bei den Heinzelmännchen zu Köln, bloß dass die Erbsen hier weichgekocht, ja halb schon verdaut waren.

Draußen dann endlich die klare kalte Luft, die Sterne, der Weihnachtsfriede und das seltsam erschütterte Heimwärtsstapfen durch den weißen Schnee. Nur hie und da hinter uns vereinzeltes, jähes Erbrechen, wie Böller durch die Christnacht, und vor uns, ebenso vereinzelt, sauber auf Schneewächten gesetzt wie Sterntaler, die eine oder andere Mahlzeit vom unlängst verklungenen Heiligen Abend.

Das Festmahl am Firmungstag

Gefirmt werden sollte er nun, gestärkt also. Das konnte er brauchen, denn es ging ihm nicht sonderlich gut. Als Zögling im Internat, das sich einschüchternd Studienseminar nannte. Vor anderthalb Jahren hatten ihn seine Eltern hier untergebracht, zusammen mit seinem drei Jahre älteren Bruder. Es war nach Weihnachten und Silvester, so fiel er mitten ins Schuljahr hinein, in die erste Klasse des Humanistischen Gymnasiums; kam mit abstehenden Ohren unter fremde Buben, die sich seit dem herbstlichen Schulbeginn schon eingeigelt hatten im gemeinsamen Alleinsein und die nun misstrauisch auf den Eindringling schauten, der da im neuen Jahr so plötzlich zu ihnen hineingedrängt wurde.

Er kam aus einem Marktflecken, wo man beim Schulgang noch dem Hufschmied zuschauen konnte und den Störchen auf dem breiten Wirtshausdach am Markt. Und wo man ein wildes Dorfbayrisch sprach. Vier Brüder waren sie, er der jüngste, der die Hosen und Schuhe und die Hemden als letzter auftragen musste. Der Bombenkrieg hatte sie dorthin vertrieben, ins Haus der Großeltern, ein Knusperhäuschen mit Garten drumrum; vier Zimmer, jedes genau zwölf Quadratmeter. Da wurde es, je mehr sie heranwuchsen, immer enger. Außerdem gab es am Ort bloß eine sechsklassige Realschule, mit Englisch als erster Fremdsprache. Der Vater fand Latein wesentlicher – auch habe man da später viel weniger Mathematik, Chemie und Physik: das Humanistische sei also in jeder Weise besser. Und er, der letzte von den Vieren, verstand, dass sein Vater zwei von ihnen ins Internat stecken musste: es war die einzige, die beste Lösung.

Nur 120 Kilometer war sein neues Zuhause von daheim entfernt, und doch in der weiten Welt: zwei Mal musste man umsteigen, zwei Mal lange in Wartesälen sitzen, dann den schweren schnurgesicherten Koffer den Weg entlangschleifen, vom Bahnhof immer gradaus, an Gasthäusern und dem langen weißen Krankenhaus, dann an einem Schuhgeschäft und dem Gubi-Lebensmittelladen mit der Margarinepyramide im Fenster vorüber, bis zu der langen hohen Mauer mit dem Portal darin, drei Stufen hinauf, wo man zu klingeln hatte – bis aus dem mauertief zurückgesetzten Fensterspalt die Pförtnerin lugte und einen einließ.

Dieser Geruch. Dieses Hallen der Stimmen und Quietschen der Schuhe. Das Linoleum, das Bohnerwachs, die verwehten Klaviertöne und das Geigenschleifen aus den Musikzimmern. Die Gänge mit ihren Endlospaneelen hellbrauner Kleiderspinde. Die breite, gelbe Sonne draußen, wenn sie in die Schlafsäle drang und vierzig Betten hell übergoss: vier mal zehn im ersten, vier mal zehn im zweiten Saal gleich dahinter. An der Längswand die Waschbecken, eins, zwei, drei, vier – vierzig Porzellanbecken mit vierzig Spiegeln. Im Stockwerk drüber das Gleiche. Zweihundertzehn Zöglinge lebten hier; die privilegierten Oberklässler, die einem in unbemerkten Momenten Ohrfeigen gaben, teilten sich kleinere Schlafzimmer und kleine Studierstuben, während die andren zu achtzig im großen Studiersaal an ihren schwarzlackierten Pulten hockten, mäuschenstill; denn wurden sie beim Flüstern ertappt vom Präfekt, mussten sie nach vorne an seinen Tisch, wo er von drei Stufen herab die gesenkten Köpfe überwachte: auf der obersten Stufe kniete dann der Schwätzer, mit aufgeklapptem Lehrbuch. Mitunter knieten drei, vier auf einmal da vorn wie Fliegen auf der Leimrute.

Er hatte es nicht leicht: aus dem abenteuerwilden Markt mit Bauernhöfen, Teichen, Altmetallsammeln auf Schutthalden und abgefackelten Munitionskisten, die sie auf dem alten Schießstand aufgespürt und zu viert in die Luft gejagt hatten, sich nun einzufügen in die geschlossenen Mauern und bereits dichtgemachten Kreise der Mitzöglinge. Er hatte die ersten Monate öfters sein Bett genässt und sich dafür totgeschämt, wenn morgens, beim weiten Aufdecken, das Leintuch nassgeschwärzt vor aller Augen lag; hatte sich allem verweigert, auch den durchwegs andren Schulbüchern. Hier, im Schwäbischen, begann die Geographie mit dem Schwarzwald, wo sie in Oberbayern das Fichtelgebirge gelernt hatten. Er mochte nicht mehr und bekam seinen ersten Verweis: wegen Faulheit.

Elternlos, heimatlos waren freilich alle; aber die andern hatten sich schon im September zusammengefunden, bekamen beneidenswert oft Päckchen mit Würsten und Schokolade geschickt und Briefe mit kleinen Geldscheinen drin; und manchmal, an Wochenenden, öffnete sich die Tür zum Studiersaal, wo die achtzig stillen Zöglinge über ihren Büchern und Heften saßen, und der Präfekt sagte, es sei Besuch gekommen für – ja, immer für andere. Obwohl diese anderen doch bis von Frankfurt und Karlsruhe gekommen waren, und aus abgelegenen Spessartdörfern. Manche Väter besaßen schon eigene Autos, wo seine Eltern nicht mal einen Führerschein hatten. Dass alle, die allmählich doch zu Kameraden und Freunden wurden, in den Ferien, und seien es kurze vier Pfingsttage, heim durften, war selbstverständlich; nur sein Bruder und er und drei andre noch blieben da, streiften durch die jetzt hallenden Flure und Säle, bekamen am Sammeltisch im Speisesaal ihr Essen und hatten Hof, Fußballfeld und Schlafsäle ganz für sich allein. Allzu allein. Die Bahnfahrt war offenbar zu teuer, und man hätte ja auch daheim extra noch Essen kaufen müssen.

Nun aber, heute, am Firmungstag, hatte die Mutter ihren Besuch angekündigt, zusammen mit ihrer Schulfreundin aus Köln. Die war als Firmpatin gedacht, hatte im letzten Moment, als seine Mutter die Hoffnung schon aufgeben wollte, noch irgendjemanden für die Reisestrapaze zu finden, aus der Not geholfen und war mitgekommen, weil sie ohnehin grad ihren Urlaub wie jedes Jahr bei seinen Eltern verbrachte. Sie war großstädtisch modern, Chemikerin und Junggesellin und hatte einen Fotoapparat, mit dem sie während vieler Jahre die einzigen Bilder der Familie knipste. Dass sie keine Armbanduhr gekauft hatte für ihr Patenkind, stellte sich erst später raus.

Die Mutter also, endlich, auf Besuch. Da ließ sich auch verschmerzen, dass sie ihm wiederum seine kurze blaue Kommunionshose, jetzt mit herausgelassenen Umschlägen, mitgebracht hatte, statt eine lange Herrenhose zu kaufen, wie sie jeder an diesem Feiertag trug. Weil sie im letzten Augenblick eintraf, konnte er nicht lange klagen, schon formierten sich die Seminarzöglinge in Dreierreihen und zogen die Stadt hinauf zur großen Hofkirche, die Firmlinge wurden ganz vorne aufgereiht, er sah seine Mutter nicht mehr, sie war mit dem Bruder weit weg im Kirchenschiff; dafür stand die Kölner

Patin jetzt hinter ihm, verdeckte so wenigstens seine nackten Beine. Weihrauch, viel Gesang, lateinische Sätze, die Predigt von der Stärkung durch den Heiligen Geist, irgendwann gab ihm der Bischof den Backenstreich, vor dem sie alle seltsamerweise Angst hatten, dann Schluss und freies Hinausgehen „in alle Welt" – bis zum Mittagessen.

Das heißt, die gut zwanzig Firmlinge durften natürlich mit ihren Eltern und Paten und Verwandten ausgehen, zum Tafeln an ihrem Ehrentag. Und konnten dabei ihre Armbanduhren betrachten und herzeigen und vergleichen. Für jene Firmlinge aber, die im Internat essen wollten, wurde eine ganz besondere Leckerei angeboten: sie mussten heute nicht im großen Saal mit allen anderen sitzen und die übliche Backerbsensuppe löffeln, sondern bekamen ein Extra-Menü serviert, viergängig, mit Rehbraten, Rosenkohl und Pürée und am Ende eine Eisbombe, von Himbeeren übergossen. Voraus aber sollte es Chicoréesalat mit Mandarinenschnitzen geben.

Die Mutter war begeistert: Rehbraten! Himbeeren und Eis und Chicorée! Rosenkohl und sicher auch Preiselbeeren! Sie sagte ihm, das sei eine einmalige Gelegenheit, unglaublich Gutes, nie Geschmecktes zu erleben, während sie mit Freundin und Bruder in irgendein Wirtshaus gehen und dort vermutlich Gulasch oder Leberkäs zu sich nehmen müssten. Ja, man werde in den „Goldnen Hahn" gehen, an dem sei man vom Bahnhof her vorbeigekommen. Und man träfe sich doch nachher und könne dann noch plaudern und sich sehen, bis zur Abfahrt des Zugs um 15 Uhr 20. Was sollte er sagen? Ihm war, mit seinen nackten Beinen und dem nacktgebliebenen

Handgelenk, ohnehin elend, der Vorstoß seiner lang vermissten Mutter verwirrte ihn tief und nahm ihm das Denken.

Er war, wie sich herausstellte, der einzige, der vom kulinarischen Angebot des Internats Gebrauch machte. Man konnte ihm nicht gut allein servieren, so beschlossen der Seminardirektor und die Hausmutter, ihn an ihren Tisch zu setzen, zusammen mit dem Weihbischof, dem Hauskaplan und seinem Präfekten: zu sechst in einem kleinen, ihm bislang ganz unbekannten Stübchen, das kurz vorm Speisesaal fünf Stufen hoch eingebaut war. Erst hieß es noch stehen und warten, die Erwachsenen hatten Sektgläser in der Hand, er bekam einen Saft, der Weihbischof stutzte kurz irritiert, man erklärte die Situation, und immerhin sprach der Präfekt ein wenig mit ihm, bis sich alle setzen durften. Ja, es gab die Mandarinenstücke und den Rehbraten und gewiss auch die Eisbombe. Man fragte ihn eingangs ein paar Mal, reichte ihm die Platten an und war nett zu ihm, der am Rand saß und – was ihm lieb war – kein Gegenüber hatte, denn der Bischof saß am Kopfende. Es muss dann zuende gegangen sein, nach der Eisbombe mit den Himbeeren, und er durfte fortgehen, bevor der Verdauungsschnaps herumgereicht wurde. Gut erzogen bedankte er sich stammelnd und stürzte davon, durch die Flure, vorbei an all denen, die keine Firmung gehabt hatten und in den Hof hinaus, in die Sonne gingen zum Spielen. Es war kurz vor Zwei, und er raste durch die Pforte hinaus auf die Straße, zur Mutter, zum „Goldnen Hahn", und der hatte zu!

Es konnte nicht sein, es war so; wo aber waren sie hingegangen, die drei? In welches andere Wirtshaus? Links die Straße runter, oder gradaus Richtung Bahnhof? Er rannte nach links,

26

da unten gab es ein Restaurant: viele feiernde laute Familien, etliche Mitschüler, lachende Onkel, Nachtischtorten löffelnde Mütter – nur seine war nicht darunter, nicht die Patin, nicht der Bruder. Er lief zum Internat zurück: vielleicht waren sie ja ihrerseits auf der Suche; nein. Wieder in die Stadt, in Cafés und Gaststuben, hierhin und zurück und dann zum Bahnhof: vielleicht dass sie dort auf ihn warteten? Es gab doch auch da einen Imbiss. Nichts, auch da niemand. Er wurde zum Brummkreisel, raste herum wie verrückt, heulte dabei, laut aber ohne Tränen. Die Zeit verstrich darüber.

Um drei Uhr fand er sich wieder einmal am Bahnhof, wo er wenigstens die Zeit sehen konnte – und da sah er nun endlich auch sie, alle drei. Sie schauten bestürzt und traurig auf ihn, und er heulte jetzt nicht mehr laut, aber die Augen liefen ihm über.

Ja, man hatte sich verfehlt. Seine Firmpatin machte drei Fotos. Eins mit seiner Mutter, eins mit dem Bruder und eins ganz allein von ihm: da sitzt er unten auf einer steinernen Beetumrandung, nackte Beine mit weißen Kniestrümpfen, nackte Arme. Sitzt auf seinen Handrücken, um die blauschwarze Bubenhose sauber zu halten. Gleich danach fuhr der Zug ab.

Erinnerungen an den Schulsport

Ich halte nichts vom Leistungssport, und ich halte ebenso wenig vom Schulsport, wie zumindest ich ihn dreizehn Jahre lang genossen habe.

Bevor ich nun ein paar Einwände gegen diesen Sport äußere, möchte ich auf den wahrscheinlich bei vielen hochsteigenden Verdacht, ich sei eben eine total unsportliche, zu kurz gekommene Erscheinung, antworten: Davon ausgehend, dass weder mein Meniskus eingerissen noch das Herz vergrößert ist, dass nichts gestaucht, verprellt und ausgeschnackelt ist, noch meine Bandscheiben ächzen und knirschen, könnte man freilich folgern, dass ich ein sehr unsportlicher Mensch sein müsse.

Meine gute Konstitution habe ich aber zu einem Großteil den Gepflogenheiten im Schulsport zu verdanken. Denn eben die Gepflogenheiten dieses Fachs erlaubten mir, vom Sport nahezu verschont zu bleiben, abgesehen von einigen Bauchaufschwüngen, Ballwürfen und Hatschereien über die Hundert-Meter-Distanz.

Was in den ein, zwei Stunden pro Woche mit Schülern angestellt wurde, war schlicht skandalös. Die Lehrerpfeife – gemeint ist die Pfeife des Lehrers – trieb zunächst zum Warmlaufen in die Halle, zehn Runden, mal Schweinsgalopp, mal Kniehochreißen je nach Pfiff, und meistens bis zum Seitenstechen. War man endlich aufgewärmt und schwitzig, hieß es, auf Bänken abzuwarten und zu frösteln; ein paar Privilegierte bauten Barren oder Reck auf, der Rest fror weiter. Unsportliche beschlich währenddessen aufsteigende Angst – vor dem

Hochreck, dem Sprung übers Pferd, vor dem Schulterstand. War es wirklich Angst vor diesen mehr oder weniger schwierigen Übungen? Nein, es war quälende Furcht vor Gespött, vor dem Gelächter der Mitschüler und den ewig gleichen, gedankenlosen Witzchen des Lehrers: Da hing man verkrampft am Hochreck, noch wirr von einer geglückten Kippe – aber wie ging's nun weiter? „Na, komm runter, du schlaffer Mehlsack!" – so ging's weiter. Goldene Worte.

Warum hat man nicht unsere willigen, damals noch gelenkigen Glieder fit gemacht, Sehnen, Muskeln, Nerven trainiert und gestärkt? Warum wurden stattdessen komplizierte Kürübungen und Mutproben verlangt, warum Flanken vom Hochreck?

Unsere Turnstunden bestanden überwiegend aus Abwarten, bis man an die Reihe kam, und für die Schlechteren, auf deren Ertüchtigung es doch vor allem angekommen wäre, bestanden sie aus Furcht, Drückebergerei und Beschämung.

Das war bei der sommerlichen Leichtathletik nicht anders. Da schob man sich, wenn's irgend möglich war, zwischen den Gruppen an der Aschenbahn, beim Weitsprung oder dem Kugelstoßen herum, hoffend, dass es niemandem auffiel, und ersehnte ein baldiges Ende der sogenannten Übungen.

Ich habe nie begriffen, wieso es für einen Normalschüler erforderlich war, beim Weitspringen nicht zu übertreten. Was interessiert den späteren Biedermann mit Gewebserschlaffung ein exaktes Betreten jenes schmalen Brettchens, das die Götter des Sports vor jeden Sprung gelegt haben? Für ihn, den werdenden Sesselpupser, wäre es einzig nützlich gewesen zu springen, nicht aber wegen eines idiotisch festgelegten Übertretens bloß durchzulaufen.

Und: Gab es unwürdigere, empfindliche junge Seelen mehr verletzende Schauspiele als jenen Zuchtviehmarkt am Stundenende, wenn Ballspiele genehmigt wurden? Dann traten die beiden ersten Spieler vor und wählten sich ihre Mannschaften – Stück um Stück; das begann bei den fähigsten Kämpen und setzte sich präzis und vernichtend bis zum miserabelsten fort. Und bei jedem selektierten Namen zitterte der Rest von Mal zu Mal um seine Selbstachtung.

Statt aus uns von Mathe und Latein gebeugten Bleichgesichtern frisch durchlüftete Freigeister zu formen, hat uns der Turnunterricht den Rest gegeben und uns endgültig gebeugt. Und jetzt machen wir schon aus Trotz keine überflüssige Bewegung mehr, lassen uns stocksteif von Rolltreppen voranbaggern, fallen vom Lift ins Auto, von da auf den Picknick-Klapphocker und setzen Fett an, dass das Cholesterin Schaum schlägt in unsren vom Turnunterricht noch immer verstörten Adern. Ansonsten gibt's Sport für uns im Fernsehen, wo unter Werbelogos und Sponsoren-Banderolen Rekord-Asse mit Anabolika im Clinch liegen.

Wir andern aber, wir sehen uns mit vierzig, fünfzig wieder: im Fitness-Studio, wenn's gut geht – sonst, mit Fango im Nacken, im Bäderdreieck von Griesbach.

Gedenkblatt für Rasemann

Als läge es schon Generationen zurück oder doch in den Wirren der Roaring Twenties, so kommt es mir vor, wenn ich von den Zimmern und Buden meiner Studentenzeit erzähle, und dabei ist alles in den schon ziemlich satten Jahren des Wirtschaftswunders gewesen: so um 1965 herum.

Ich will mich nun gar nicht weiter aufhalten bei meinem Münchner Notquartier, das ein Hobbyraum im Keller war, dumpf und dunkel; kein Wunder, dass der Hausherr seine Hobbylust rasch verloren hatte und die Werkstatt für 60 Mark vermietete, mit der Hobelbank als Schreibtisch, einem Diwan als Lager – doch war dieser Diwan, eine Recamière, so gebaut, dass man mehr saß als lag. Statt eines Fensters gab es einen Abluftschacht und Wasser droben im Hausflur; 60 Mark, immerhin.

Genauso viel kostete dann die Bude in Hamburg, gleich hinter der Stadtgrenze, fast auf den Wiesen also und somit wenigstens in guter Luft. Die brauchte man dringend, denn das Zimmer war ein Verschlag unter einer geschwungenen Holztreppe zum 1. Stock; ein Vorhang trennte mich von den Hochtrampelnden, die dennoch genügend Einblick in mein Leben bekamen, denn mein Verschlag war zugleich der Fahrradschuppen.

Davon nichts weiter. Begeben wir uns nach Berlin, zum nächsten Semester, Frühjahr 1965.

Dies wird nun ein kleiner Epitaph, ein Gedenkstein für einen armen Hund, einen Malermeister, der, was man einen kaputten Typ nennt, war, ein Bankrotteur seines Betriebs, ein ruiniertes Wrack, arbeitslos und ins Eck gespuckt. – Fünf Jahre später kam ich, eine Flasche Wein unterm Arm, längst fertig mit dem Studium, mal wieder vorbeischaun bei ihm; klingelte: „Ach Gottchen", sagte mir eine Frau beim Öffnen, „den hamse gleich nach Ihrem Auszug nach Mau-Mau geschafft, in die Asozialenhütten drunten in Britz, da isser dann bald gestorben und in irgend so'n Armengrab verbracht worden."

Philipp Rasemann wurde mein Berliner Zimmerwirt, denn er hatte eins seiner zwei Zimmer zur Untermiete annonciert.

Das Haus war so was wie eine Villa, einstmals. Unten in Steglitz, nahe beim Botanischen Garten, erste Lage und von Vögeln nur so umzwitschert. Garten rundum; zu Herrn Rasemann ging's freilich nach hinten durch, dann drei Stufen runter: Souterrain. Stand man dort in der Wohnung und guckte aus dem Fenster, konnte man den Radieschen in Brusthöhe beim Wachsen zusehen.

Eine grünlichgelb verschossene, verwaschene und irgendwann nicht mehr gewaschene lange Unterhose war der erste Eindruck, als er die Tür gegen das Licht zwinkernd öffnete; darüber ein Hemdenrest aus verkrümpeltem Nyltest, dann Bartstoppeln am schlotternden Doppelkinn und ein Stumpen zwischen wurstigem Lippengeschrumpel. „Wasn los? Wat wollnse denn?" fragte er. Ich stellte mich vor. Ach so ja, er hatte ja mal 'n Zimmer bei nem Makler angemeldet, stimmt, komme doch rin. Er schlenkerte ausladend mehr als einladend seinen Arm, stapfte vorneweg und zeigt mir die Wohnung. Wohnung? Es war mal eine gewesen.

Ein enger Gammelgang – nach drei Stufen abwärts, droben am Absatz gleich rechts das Klo – ach was, Klo! Ein Abtritt war's aus einer Schreckenskammer, vom Porzellan fast nichts mehr zu erkennen, verkrustet, wie zugewachsen von den Intarsien der Notdurft, und dahinter, auf Bretter gestapelt: Eingemachtes in Gläsern – Birnen, Johannisbeeren, Kirschen, alles in einem Kokon aus Staub, Dreck und Schimmelschmier, und alles zehn Jahre alt; denn so lange war seine Frau tot.

Sie muss viel mitgemacht haben, denn Rasemann war als selbständiger Malermeister eher ein Schelm gewesen. Zweimal hatte er seinen Betrieb schließen müssen – wie ich später erfuhr, dann durfte er ihn endgültig nicht mehr öffnen. Von ihm gestrichene Wände platzten allzu schnell wieder ab: wo die Firma Rasemann zum Pinsel gegriffen hatte, folgte Ärger auf dem Fuße. Dann also Konkurs, dann Gericht und Saufen. Schließlich hatte er, heimlich für Schwarzarbeiten, zuhaus die Stromleitungen der Villa ohne Umweg über den Zähler angezapft; die Frau war über dem Skandal gestorben. Rasemann verdingte sich als Toilettenmann und Hausbote während des Filmfestivals, erzählte mir nun wilde Stories von hungrigen Sternchen und Stars – hungrig nicht nur nach gutem Essen.

Wir saßen in seiner Küche, wo derweil in einem riesigen Emailbottich Nyltesthemden auf der Gasflamme gargekocht wurden. Gute alte Küche mit den Resten früherer Bürgerlichkeit: Kredenz, Brotkasten, ein gehäkelter Spruch, und das Gusseisenwaschbecken unterm gummischlauch-verlängerten Hahn war die einzige Wasserzapfstelle. Hier saß Rasemann halbe Tage, mümmelnd und den schwarzen Kater kraulend, eingefallen vornübergebeugt mit erst 63 Jahren, einst ein Riese, ein Kerl von Mann, nun schlottrig in Schlabberklamotten.

Nach der Küche kam gleich „mein Zimmer", ein sogenanntes Berliner oder auch Durchgangs-Zimmer. Es war rußig wie Anthrazit an der Decke und stank wie ein Pissoir. Beides kam von der Stumpenraucherei, doch als ich dann mit dem Schrubber über Decken und Wände raspelte, fielen Gestank und Schwärze in dicken Schwaden zu Boden. Will also sagen, so arg war das alles nicht; nur, dass es keine rechten Möbel gab, bloß eine monströse Viermeter-Glasvitrine für Nippes und Sonntagsporzellan, ein farbabsplitterndes Hospizbett aus Eisen, einen Schreibtisch immerhin. Auf den hubbeligen Dielenbrettern konnte man sehen, wo einst der große Prachtteppich gelegen hatte: dort war das Ochsenblutrot des Holzlacks noch nicht völlig abgelatscht.

Dieser mein Salon also war ein Durchgangszimmer; Herr Rasemann schlurfte am Fußende meines Bettes vorbei in seine Kemenate, die Tür zwischen uns hatte er aus Kistenbrettern genagelt, und wenn er das Schnürchen daran nicht über dem Nagel im Türstock festpinnte, schwang sie knarzend zu mir ins Zimmer, und Rasemann, in sein Bett gewühlt, glotzte mir in den Salon, missmutig, dass da noch wer arbeitete mitten in der Nacht: „Mensch Junge", krähte er heiser, „mach doch det Licht aus; det kost' doch Jeld!" – Studieren war nicht immer leicht. Rasemanns Bett – auch seins Modell Hospiz – war nicht das neueste, dafür das einzige, was in seinem Zimmer stand, vom Nachttopf abgesehn – und man sollte von ihm absehn, denn er war schwer wie ein Felsstein, und er *war* ein Stein: von abgelagertem Urin fast zugebacken, so stand er unter dem Gewühl aus Lakenfetzen und Deckenresten, Klamotten und Kledaschen. Rasemanns Bett: er pflügte sich allabends unter und puhlte sich irgendwie frei am nächsten Tag.

Dann hockte er wieder in der Küche und hustete krachend oder schlurrte so lang an meinem Fußende vorüber, bis ich erwachte, uns Frühstück besorgte, und er mir von Frau und Tochter vorheulen konnte, von den Freuden des Malerhandwerks und den tollen Weibern und ihren dicken Extra-Trinkgeldern damals bei den Ufa-Festen.

Ein paar Mal schickte ich ihn noch aufs Arbeitsamt. Er machte sich dann, mir zuliebe, mit seinem wüst überm Kochen verschrumpelten Nyltesthemd fein und schob ab. Bis er sich den Quatsch verbat: „Komm Junge", sagte er, „lass doch det, son alten Trottel will doch keener mehr". Er hatte recht. Am 1. Mai, dem Tag der Arbeit, bekam er immerhin von der Stütze ein paar Märker extra. Die hat er stark versoffen, sein ausgemergelter Leib vertrug sowieso nichts mehr. (Hab ich schon erzählt, dass er von monatlich 123 Mark – nach Abzug der amtlich einbehaltnen Miete – lebte, oder doch existierte? Kamen von mir 60 hinzu, die ich ihm kleingestückelt auszahlte: Tag für Tag zwei Mark.)

An diesem 1. Mai also kam er sturzbetrunken heim, mit einem angesoffenen Kumpan, machte bei mir Licht zum Durchtapern, während ich tat, als schliefe ich – es war so gegen zwei Uhr; er knallte mächtig auf die Dielen, rutschte in seinen Verschlag, nestelte sich die Kledasche halbwegs vom Schlottergestell, bis auf die berühmte lange Unterhose, rumpumpelte retour durch meinen Salon Richtung Lokus und brüllte, ich Saukerl hätte ja schon wieder das teure Licht angelassen, er bringe mich um. Dann plumpste er mir halberlängs aufs Bett, die andre Hälfte hockte auf den Dielen. Und wie ich mich nun doch schlaftaumelnd und genervt erhob, um ihn von hinten unter den Achseln zu packen und abzuschleppen, da stand ich barfuß im Nassen, und er saß längst in seiner Pfütze und schlief, nicht grade selig aber immerhin. So schleifte ich ihn hinüber auf den Bettenmulm und neben seinen röchelnden Trinkfreund.

Ich habe dann das nächste Semester wieder in München studiert, wo's Biergärten gibt und Seen und südliche Schönheit, und Rasemann, dem nun wieder 60 Mark fehlten und jemand, der seiner Vergangenheit zuhörte, Rasemann, wie gesagt, ist ja dann nach Mau-Mau gebracht worden und irgendwann danach ins Armengrab, ohne Namen.

Malermeister war er gewesen und hatte die Fritzi Massary gekannt und den Hans Albers.

Was aus seinem schwarzen Kater geworden ist, wusste später auch niemand.

Neues beim Geschlechtsarzt

Kultur ist ein weiter Begriff: sie hat mit den Werten des Menschen zu tun, und wenn man daher von „politischer Kultur" spricht, werden wir heute mal von „ärztlicher" reden.

Ich musste zum Doktor und fand einen vom Fach im Branchenverzeichnis. Er hieß nicht Brinkmann und residierte nicht zwischen Schlüsselblumen, sondern mitten im Beton, in einem Waben-Kästchen-Geflecht, das sich „Ärztehaus" nannte. Ist man erst mal drin, geht es türenlos durch Nischen und Gänge, um Pflanzenkübel und Stahlparavents, musikumplätschert zur gewünschten Fachecke.

Über mir in den Lüften also Bayern-Pop, von Staunachrichten und Bierwerbung durchbrochen: der Petuelring, hieß es, sei zähflüssig; dann wurde ich aufgerufen. Überraschenderweise waren die eigentlichen Behandlungsräume hinter einer echten Tür, mit Klinke und sogar aus Holz. Man konnte sie regelrecht ins Schloss drücken, die Musik mit Petuelring und Billigangeboten blieb wirklich draußen im Wartezimmer: es durfte ernst werden und intim, das Gespräch zwischen Arzt und peinlich gepeinigtem Patienten konnte beginnen, Urologischem angemessen.

„Bitte", sagte der Arzt – ein Absolvent der Turnschuhgeneration, forsch und flott, „bitte, hier rein", und er wies in eine Koje vom Zuschnitt öffentlicher Klos, und nun sah ich, dass es davon eine ganze Zeile gab, genau wie im Bahnhof, nach oben offen, aber vorn nicht mal eine Tür, bloß ein labbriger

Vorhang. „Bitte, machen Sie sich frei, legen Sie sich da drauf". Ich machte und legte und hörte, wie im Nebenkabuff eine Assistentin soeben einer hörbar älteren Frau erklärte, sie müsse ihr „dies jetzt einführen", doch solle sie bitte gleich Laut geben, wenn sie etwas in der Blase spüre, und wie das überhaupt sei beim Wasserlassen. Die Frau sagte es, seufzend, es war nicht uninteressant und gleichwohl befremdend. Der Doktor, mittlerweile aus meinem Gelass von dannen geeilt, in dem er mich fröstelnd und schaudernd liegen ließ, beruhigte zwei, drei Vorhänge weiter einen Herrn, er habe gewiss keinen Tripper, soviel habe der Abstrich ergeben, jedoch werde man sicherheitshalber sein Blut untersuchen, es gäbe ja noch weitere Möglichkeiten, krank zu sein. Und dann hörte ich ihn kraftvoll nach einer durch die Vorhänge eilenden Schwester rufen: „Bitte, machen Sie eine Blutsenkung bei Herrn Merschmeier!" – Sieh an, dachte ich, der Merschmeier, der hat's also mit dem Unterleib und weiß noch nicht, was! Auch ganz interessant – und doch auch wieder befremdend.

Und dann dachte ich, wer bislang nichts hatte, der konnte bei solchen Verhältnissen doch immerhin die Krätze kriegen.

Fremdgehen

„Warum soll eine Frau kein Verhältnis haben, kein Verhältnis haben…?"

Ja, warum sollte eine Frau kein Verhältnis haben? Die Frage ist schon ganz falsch gestellt: sie hat ja selbstverständlich in vielen Fällen eins – wir hätten vielmehr fragen müssen: warum muss sie so tun, als hätt' sie keins, während der Mann damit auch noch renommiert?

Der Mann darf, die Frau natürlich nicht! Der Mann häuft Frau auf Frau, prahlt – wie Don Giovanni – „aber in Spanien: eintausenddrei!", und seine Ehe besteht nur noch aus Brüchen, der reinste Waffelbruch. Und an Heim und Herd waltet die züchtige Hausfrau, die Mutter der Kinder.

Es erhebt sich da die Frage, wer häufiger fremd geht: Mann oder Frau. Wer – wenn Sie erlauben – schläft öfter mit wem? Ob Sigmund Freud, Alfred Kinsey oder sonst einer der vielen Sexualverhaltensforscher diesem zentralen Punkt ehelicher und vorehelicher Streitereien schon jemals nachgegangen ist: Ob der Mann, ob die Frau mehr Abenteuerchen erlebt?

Die mündliche wie die literarische Überlieferung operiert da jedenfalls mit einer klaren Grundaussage, dass nämlich der Mann den Pascha spiele, sich einen Harem halte und überhaupt ständig fremd gehe: ein Gockel und Luderjahn. – Ist er jung, muss er „Erfahrungen sammeln", wächst er heran, muss er sich „die Hörner abstoßen", ist er älter, „sucht er sich eine Jüngere", danach erlebt er den „Johannistrieb", den „zweiten Frühling"; schließlich bringt er's zum „alten Bock" und bricht endlich und verdientermaßen unter der Last seiner Ausschweifungen zusammen.

Dahingegen die Frau? Ja, was ist mit der Frau? Sie werden sagen, die sitzt zuhause, liest Illustrierte und grämt sich; oder sie kocht und wartet auf ihn, der doch gerade so ganz anderen, so ganz verruchten Geschäften obliegt. Das ist ein großer, ein grundlegender Irrtum, wie wir gleich zeigen werden.

Also. Sehen wir mal von all jenen Männern und Frauen ab, die Dessous und Katzen, sich selbst oder das eigne Geschlecht am meisten lieben, dann erhebt sich jetzt natürlich die Frage: Mit wem treibt der sittenlose Mann das alles? Mit wem?

An diesem Punkt unsrer Überlegung angelangt, müssen wir in die Arithmetik überwechseln. Nehmen wir an, es gäbe genau gleich viele Männer wie Frauen – und die geringen Überschüsse auf der einen oder andern Seite spielen ja im Ernst keine Rolle, wie ja auch der Mönch der Nonne, der Don Juan der Nymphomanin entspricht. Es sind somit also gleich viele verheiratet oder unverheiratet – Männer wie Frauen.

Wenn nun – aber Sie müssen jetzt genau aufpassen – wenn nun jeder Mann *eine* Nebenfrau hat, dann hat auch, logisch, jede Frau *einen* Nebenmann. Sollte wider Erwarten nur jeder fünfte Mann eine Zweitfrau haben, dann kann auch nur jede fünfte Frau einen Zweitmann haben. Bedauerlich, aber unvermeidbar. Hat hingegen jeder Mann zwölf Frauen, muss folgerichtig jede Frau zwölf Männer haben. Im Durchschnitt, versteht sich.

Denn: wo jemand hinküsst, küsst ein andrer her; wo einer beischläft, bei dem schläft eine.

Woraus folgt, dass auf eine Million männlicher Ehebrüche genau eine Million weiblicher Ehebrüche treffen. Das ist weder ein Ergebnis statistischer Erhebungen noch der Verhaltensforschung, sondern der simpelsten Mathematik.

Wer also im Sexuellen, im Seitenspringerischen, die Gleichberechtigung vermisst, der sollte zuerst das Berechnen von Gleichungen lernen.

It's Talkshow-Time in Germany

Manchmal möcht man vor dem einsam im Park stehenden Exhibitionisten direkt den Hut ziehen, denn der bedeckt sich immerhin davor und danach. Gehst du ein paar Meter weiter auf die Lichtung, drängeln sich dir Brüste und Popos weiß und rot und dicht auf dicht entgegen. Männer können sowohl bäuchlings grauslich aussehen, irgendwie hündisch – wie leider auch rücklings; du denkst sofort an den Pavianfelsen in Hellabrunn, dabei bist du im Englischen Garten, und, gottseidank, alles haben sie noch nicht von den rotärschig dauererregten Affen gelernt, noch breiten sie bloß aus, was sie, oft im Überfluss, besitzen.

Vorbei an den kecken Illustriertenbrüsten aller Kioske kommst du nachhaus, packst das Tortenstück aus und brühst dir den Kaffee, und wenn du jetzt den Fernseher anmachst, wirst du hören, dass es viel mehr Spaß macht, wenn man eine Ledermaske aufhat dabei und ein paar Nadeln durch die Haut zieht, da, wo sie besonders empfindlich ist. Eine Dame schwärmt von Gummileibchen und ein Herr von seinem Swingerclub: It's Talkshow-Time in Germany, die Gartenzwerge werden wild. Auf den Studiostühlchen sitzen Hausfrauen und plaudern über hinterletzte Sexualpraktiken, sitzen Burschen in hautengem Nappa und erklären, weshalb sie ihre Frauen am liebsten prügeln, sitzen Psychologen und quatschen von der Normalität des Abgrunds, sitzen Pastoren und ratschen vom Abgrund des Normalen.

Das alles nennt sich neue Offenheit und zwingt uns mehr und

mehr, Augen und Ohren zu verschließen in freiwilliger Selbst-
kontrolle, um uns – ja, eben: um uns die Lust zu erhalten,
unsre Phantasien zu bewahren, um die Sünde zu retten!

Die eigentliche Gemeinheit der verbalen Geschlechtsfummelei
in aller Öffentlichkeit ist ja, dass sie uns die Sinnlichkeit
erwürgt, indem alles für möglich, jeder für normal und nichts
für bedenklich erklärt wird – dann brauchen wir auch nichts
mehr zu bedenken. Hast du einst noch rote Ohren gekriegt
bloß beim Gedanken dran, blätterst du heute gelangweilt im
Programmheft – ob ich doch auf den Hitchcock umschalten
sollte? –, während sie auf dem Bildschirm grad rotierende
Gummistöpsel, batteriegespeist, vorführen. Und das nächtliche
Gestöhn bei Erotikmagazinen und Fummelfilmen beruhigt
den Single insoweit, als er wieder mal feststellt, dass Sex letztlich sehr fad sein kann – gemessen am sonstigen Auf und Ab
des Lebens.

Es gibt wohl kaum jemanden, der nicht gern mal was Nacktes
sähe, kaum einen, der nicht des öfteren Lust auf Laster hätte;
aber es liegt nun mal in der Natur, dass zum Laster das
Verbotene gehört, zur Lust das Ungewohnte, Ungewöhn-
liche: „Wer immer nur Pasteten isst, der weiß ja nicht, wann
Sonntag ist". Eben dies aber wurde uns genommen durch die
Inflation des einst Besonderen. Wenn aus dem Trieb schierer
Betrieb wird, degeneriert dessen aktivierender Schub zum
passiven Drang; die Lust schrumpft zum Reflex.

Ich rede hier also keiner neuen Prüderie das Wort, ich fordere
im Gegenteil die Rückkehr zur einstigen Lust, die, wie das
Wort sagt, auch mit Freude zu tun hatte statt mit Notdurft.
Die Sexualität ist, mit Hilfe der Medien, zur Alltagsentsorgung

und zu schierer Kosmetik verkümmert. Aus der ungeheuren, wahrhaft ungeheuerlichen Vielfalt sexualbetrieblicher Möglichkeiten, wie sie uns die TV-Stationen täglich aufs Auge drücken, ist ein entsetzlicher Einheitsbrei geworden.

Wir möchten aber endlich wieder unsre eigne Scham überwinden, statt von fremden Schamlosigkeiten überwunden zu werden; wir wollen wieder heimlich beobachten, wie Dekolletés verrutschen, doch wir verbitten uns die Erniedrigung des Sinnlich-Sündigen zum Alltagsfutter, wo Brüste wie Kartoffeln verhökert werden und Beischlaf so banal wie Zeitunglesen ist. Wir lassen unsre Intimitäten nicht durch Extremitäten zuschütten.

Das Private wird zur Zeit an die Wand gedrückt, bis es zappelt. In Parks und Straßencafés stecken sie einander die Zungen in den Hals, während man daneben sein Eis essen will; in Biergärten lassen pralle Männer ihre Weichfettwülste ohne Hemdverhüllung schwitzen, in den Fernsehshows berichten sie von ihrer Blaseninkontinenz, und die Frauen, wie viele Männer sie in einer Woche so wegstecken können, oder sie verzeihen sich tränenspritzend ihre Widerlichkeiten vor applaudierendem Publikum, umgirrt von einer schier ausflippenden Moderatorin.

Hat eigentlich schon mal wer darüber nachgedacht, wie das – nachdem der Rausch der Minutenberühmtheit verflogen ist – die Verwandten finden, die Partner, die eignen Kinder, wenn Mutti erzählt, dass Vati sie seit Jahren nur noch ekelt und sie daher einen Callboy mietet, immer donnerstags um elf?

Anything goes, es geht zwar alles – aber niemand kommt an. Schon weil's kein Ziel gibt. Das Herumsuchen ist der Inhalt.

Vor einigen Jahren grassierte die Mode, in Gruppenkursen Heilung der – natürlich wunden – Seele zu suchen; die Witze und Satiren dazu sind Legion. Wie rastlos da die Gurus und wie ratlos die Therapien gewechselt wurden, wie man vom Wochenende mit Urschrei im Bayrischen Wald zum Tanzworkshop in die Toskana floh, hastig ein Intensivseminar in Zenbuddhismus reinzog und der Versenkung nervös entgegenfieberte, indem man schnell drei Stunden totales Zu-Sich-Selber-Finden einschob. Rasch ins frühere Leben einsteigen und zwischendurch in aller Eile Ruhe suchen, das war's.

Genauso läuft das nun in den Sexklempnereien und beim darüber Reden, das meist ein Drüberreden ist.

„Worüber man nicht sprechen kann, darüber muss man schweigen", hat einst der Philosoph Ludwig Wittgenstein gesagt. Er kannte das Fernsehen noch nicht. Denn dessen Wesen ist es gerade, vor allem das Unaussprechliche öffentlich zu bequatschen mit lautstarken Leuten, die nichts zu sagen wissen, doch für jeden Unflat einen Extraapplaus kriegen. Dabei meint dieser Verrat am Intimen keineswegs nur die sexuelle Sphäre – bei der es bloß am Augenscheinlichsten und am Ohrenfüllendsten ist.

Diarrhöe kennzeichnet die Jahre. Durchfall beim Intimen, Dünnpfiff beim Reden: das Fernsehquaken, das Sexualquieken, das Handyquäken. Und oft und immer stärker wünsche ich mir, dass anstelle dieser schlaffen Egozentrik und schlappen Amoral wieder eine kraftvoll fröhliche Un-Moral einziehe, auf dass wir, statt entfesselt aber ratlos herumzuirren, wieder mal über die Stränge schlagen können. Mit Lust. Und mit Liebe.

Augenlust

Im Rokoko ist das ein ständiges Thema von Romanen und Gedichten und bei den Malern: das heimliche Zuschauen und Luren – und, was ja dazugehört, das Sich-Beobachten-Lassen, beim Schaukeln, wenn der Wind die vielen Röcke hochweht (und eine Unterhose hat man damals nicht gekannt), in den Theaterlogen, wo das Treiben auf der Bühne nicht immer das Reizvollste war; oder im Bad – sei's bei der Quelle im Buchenhain oder zu Haus im Waschzuber: wichtig sind nur die Augen hinterm Gebüsch oder am Türspalt. Das ist von der Erschaffung der Welt bis heute so; die Augen sind schließlich das Organ, wodurch bei Adam und Eva die Erkenntnis läuft. Denn wie sagt die Schlange? „Wenn ihr davon esst, so werden eure Augen aufgetan, und ihr werdet sein wie Gott, und wissen, was gut und böse ist."

Adam und Eva, der verbotene Apfel – der im übrigen dann tatsächlich die Erkenntnis gebracht hat: die Sünde und damit die Lust oder umgekehrt; aber so auch das Aktivsein, das Denken, Forschen, wo sie vorher bloß faul in der Sonne gedöst haben, na schön, alles bekannt, wie gesagt. Oder nimm dieses Märchenmotiv vom hundertsten Zimmer, das niemand betreten darf, beim Ritter Blaubart beispielsweise, der seiner Braut den Schlüsselbund gibt für alle Räume im Schloss – bloß die Kammer ganz droben darf sie nicht aufsperren. Neugier hat fast immer mit Verboten zu tun. Und Verbote entfachen erst unsre Neugier. Wieder so ein alter Hut. Was ich nicht weiß, schön, das macht mich nicht heiß – aber was ich nicht wissen soll, vielleicht aber ahne, das bringt mich in Hitze. Letztlich sind manche Verbote einzig dazu gemacht, übertreten zu werden und damit was in Gang zu setzen. Wozu sonst hätte es diesen Apfelbaum geben sollen? Nur durch das Heraustreten aus der Bevormundung, der Unmündigkeit, durch ihre endliche Selbständigkeit also, haben Adam und Eva die Welt in Schwung gebracht, den Fortpflanzungstrieb auch bei den Menschen etabliert. Wären sie brav geblieben, wäre die ganze Schöpfung im Sand verlaufen oder drin steckengeblieben.

Mit dem Schauen und Abgucken fängt doch alles an. Du beobachtest, still erst und sehr, sehr genau. Denk nur an kleine Kinder, an Babys schon, die stundenlang bloß zusehen, später erst begreifen – und auch das muss man ganz wörtlich nehmen: das Be-Greifen ist die Folge vom Zu-Schauen. Aus dem Guck-Trieb erwächst der Nachahmungs- wie der Lust-Trieb. Und weil das jeder weiß, stacheln wir die diesbezüglichen Triebe beim andern erst mal richtig an, damit bei dem auch wirklich was erwächst.

Die allzu direkten Angebote mag der gewiegte Voyeur natürlich auch nicht. Da fühlt er sich sozusagen am Nasenring seiner Lüste vorgeführt und ist verärgert – über sich genauso wie über die dreiste Person. Er will mit Grashalmen gekitzelt, nicht mit der Faust gerubbelt werden. Einen FKK-Betrieb hält er für einen Missbrauch der Nacktheit, für eine Vergeudung möglicher Freuden; die allerorten breitflächig ausgehängten Illustriertenbrüste sind ihm die Inflationsmünzen des Intimen, ein vulgäres Verramschen vordem exquisiter Preziosen.

Der Unterschied zwischen dem Pornogierigen und dem Voyeur ist ähnlich dem zwischen Bier-Alkoholiker und Weinkenner. Wir reden hier nicht vom pathologischen Voyeur, der abends zitternd um die Häuser schnürt und durch Jalousien sabbert oder an Wochenenden die Gebüsche in den Parkanlagen verbiegt. Suchtkrankheiten sind nicht unser Thema.

Moment, sei mal still, Moment: da genau gegenüber, da, in dem Wohnzimmer, bissl schräg vis-à-vis, ja da, die ganze Zeit denk ich schon, was machen die eigentlich? Jetzt kommt noch wer dazu, setzt sich hin und nimmt ein Messer, und die Frau zieht sich die Schürze aus! Gib mal das Glas, nein nicht den Operngucker, der bringt nix, das Fernglas da im Regal, ja. Die essen! Zu Abend. Ravioli und – Salat. Chicorée. Passt nicht unbedingt, aber Wein trinken sie dazu, roten. Gut. Und – jetzt ist der Kleinen ihr Brei auf den Teppich geklatscht. Wunderbar, die Mutter ist sauer, der Vater fuchtelt, ich find das toll. –

Also, wo war'n wir?
Dass die sexuelle Gafferneugier das Eigentliche ist, woran man beim Voyeur denkt, schon weil es für jeden den erkennbar deutlichsten Kitzel, das grellste Skandalon darstellt. Aber ich meine, wir müssen den Begriff weiter fassen – als ein heimliches Eindringen in die Intimsphäre andrer Menschen, keinesfalls ein Nachschnüffeln übrigens.
Es gibt nämlich neben dem umweglos auf die eigne Lust abzielenden Voyeurismus noch den des, na ja, leicht parasitären Schmarotzens, des Zuzelns an fremden Gefühlen, die dann wieder eigne wachrufen oder wiedererwecken: Das Leben aus zweiter Hand nochmals vorgespielt bekommen und damit das

eigne wieder erleben, das ist besser als sich klonen. Man hat doch mit seinem bisschen Dasein nicht genug erlebt und liest auch deshalb Romane, Biographien, Briefsammlungen, man geht ins Kino, ins Theater, um zu erfahren, wie's sonst gehen kann: ständig also saugt man aus fremden Seelen Honig.

Schau mal, die da vis-à-vis sind inzwischen beim Nachtisch; er liest beim Löffeln die Zeitung, sie putzt dem Kleinen den Mund ab. Sehr nett. –

Da fällt mir eine merkwürdige Geschichte ein:
Ich hab mal fast dreißig Jahre lang in der gleichen Wohnung in Schwabing gewohnt, in so einer großen aus der Jahrhundertwende, im vierten Stock. Den Schreibtisch natürlich am Fenster, damit ich nicht ganz so allein bin beim Nachdenken und Kritzeln. Ich muss irgendwas sehen, um mich dagegen konzentrieren zu können. Deswegen gehen manche Kollegen ins Caféhaus zum Schreiben.
Also, mir gegenüber, etwas tiefer, so dass ich quasi automatisch ins Zimmer schauen musste, war – hinter großen Balkontürenfenstern – ganz offenbar das Zimmer eines Mädchens, sieben, acht Jahre vielleicht. Abends, das ist mir mit einem Mal aufgefallen, und von da an hab ich dann direkt drauf gewartet, abends hat sich manchmal ihre Mutter ans Bett gesetzt und mit ihr noch geplaudert oder was vorgelesen. Richtig schön war das, traulich. Und ich, in meinem Zimmer, hab geschrieben oder sonst was gearbeitet, war noch Student. Und das Mädel ist gewachsen, logisch. Und einmal hab ich sie dann drüben tanzen gesehn, allein, einfach so, ich hab ja keinen Ton gehört, nur ihre aparten

Schlängelbewegungen da drüben, da war sie wohl schon zwölf, und ich hab grad mein Studium abgebrochen. Dann war eine Freundin auf Besuch bei ihr, und sie haben zu zweit getanzt, ein, zwei Jahre nachher. Übrigens hat sie auch sehr hübsch gezeichnet. Ich hab mir dieses Fernglas damals zugelegt und damit ihre Blätter, die sie an die Wand gepinnt hat, studiert: mit Wohlgefallen, ehrlich. Überhaupt hab ich immer mehr Zuneigung zu diesem mir ganz fremden Mädchen entwickelt und immer dabei gewusst, dass sich das nicht gehört. Vor allem, wie die zwei dann miteinander getanzt haben, nicht nur dieses offne Rumschlenkern, sondern so wie wir früher: eng, cheek-to-cheek, tja, die waren mitten in der Pubertät. War das 'ne Schweinerei von mir? Wahrscheinlich. Ich weiß nicht. Ich kann nur sagen – wenn's nicht kitschig klänge: ich war davon angerührt, war ihr sozusagen zärtlich zugetan, nahm an ihrer Entwicklung Anteil – was sie ganz gewiss nicht gewollt hätte.

Wie dann später, da war sie so 15, 16, mal ein männlicher Freund neben ihr auf dem Teppich hockte, hat sie zum ersten Mal den Vorhang zugezogen.

Eine Zeitlang war ich dann verreist, und wie ich wieder zurückkam und ganz zufällig rüberschau, da merk' ich, das Zimmer ist ganz anders möbliert, ihre Mutter wohnt noch da, aber die Tochter scheint weg, zum Studieren oder was weiß ich. Drei Monate später steht eine blonde junge Frau drüben, mit einem Baby auf dem Arm. Ich stell mich ganz hinten ins Dunkel und schau durch mein Fernglas: sie war's, eine plötzlich fertige Frau mit Kind. Und jetzt kommt der sozusagen sehr literarische Schluss der Geschichte – und trotzdem ist er wahr: Wie ich

etliche Jahre danach wieder mal in meiner einstigen Studier-
stube steh, abends, und ich hab nie die Vorhänge zu, und drüben
waren sie auch offen –, da seh ich ein Bett am selben Fleck wie
gut zwanzig Jahre zuvor, und drin liegt ein Kind, sieben, acht
Jahre alt, davor hockt die blonde Mutter, und die erzählt ihr was
zum Einschlafen, während im Zimmer nebenan die Großmutter
das Abendessen wegräumt. Die war ja jetzt Großmutter. Und
ich setz' mich wieder an den Schreibtisch. Ein Déjà-vu ist ein
Witz dagegen.

Christian Morgenstern: Vice Versa.

Ein Hase sitzt auf einer Wiese,
des Glaubens, niemand sähe diese.
Doch, im Besitze eines Zeißes,
betrachtet voll gehaltnen Fleißes
vom vis-à-vis gelegnen Berg
ein Mensch den kleinen Löffelzwerg.
Ihn aber blickt hinwiederum
ein Gott von fern an, mild und stumm.

Der Kopf im Theater

Muss der, wenn er schon so spät kommt, mit seinem Fett-steiß meine Haare stäupen? Bloß gut, dass er hinter mir Platz nimmt, so hab ich ihn wenigstens nicht im Blickfeld. Sausack. Aber der Typ vor mir gehört auch nicht grad zu den Zwergen. Und dann noch so ein Krusselhaargebirge! Wie soll einer über den wegsehen auf die Bühne? Was spielen die überhaupt heute? Verrückt, dass man so was vergisst.

Mal ins Programmheft schaun. Kruzifix, das kann wieder keiner lesen, so popelklein ist das alles gedruckt. Bei so einem Funzellicht. Die spinnen doch: Hochglanz und nichts zu entziffern, dabei außenrum lauter leerer weißer Platz. Na schön, wir werden's schon merken, was läuft; irgendwas mit Standuhr, Gebüsch und Sofa, wie's aussieht. Seltsame Kombination, vielleicht Tschechow oder Ionesco?

Die Rote mit den Netzstrümpfen neben mir drückt mit dem Ellbogen, so'n Probeschieben, dabei schaut sie zum Plafond hoch, als wüsste sie gar nicht, dass ihr Arm Stellungskrieg spielt. Na, puschen wir mal sanft gegen an, sanft, aber unnachgiebig, ja, so, jetzt ist sie abgerutscht! Mit mir doch nicht, einem Profizuschauer! Seit vierzig Jahren im Dienst an der Armlehne gehärtet und ergraut. Wieso bin ich eigentlich nicht ins Kino gegangen? Da bettest du den Hinterkopf auf Samt, lässt den Arm frei auf den freien Nebensitz schwingen und blickst auf ein Bild in seiner Gänze, ohne von Fremd-köpfen um die untere Hälfte geprellt zu sein. Allerdings: das Popcorn, die Cola und chemiesüße Gummibärwolken sprechen wieder mehr fürs Theater. Eigentlich sonderbar diese Zweiteilung: Im Kino wird die Hörkonzentration gestört durch Knuspern und Schmatzen, im Theater die des Schauens durch die Vorleute. Dann wieder husten im Theater alle, im Kino schlecken und mampfen sie. Zwei Welten.

Hier husten sie nun auch. Ah, hat schon angefangen; und eine Hitze ist das wieder hier herin! Wieso heizen sie in allen Theatern wie die Blöden? Hätt' wohl doch kein Bier trinken sollen vorhin, das meldet sich jetzt allzu beruhigend. Der Rettich war auch falsch, oh Gott, rasch nach oben schauen und ganz langsam durch die Nase ausströmen lassen. Aber was zum Teufel – das bin nicht ich! Knoblauchdämpfe, mit Gehacktem untermischt, massiv wie aus dem Faulturm, was? – woher? der Fettsteiß hinter mir hat sich vornübergelehnt, sein Mondgesicht dampft zwischen mir und der Roten, und atmet mauloffen, atmet vor allem aus!

Hitze um mich, Bier in mir, Knoblauch hinter mir, Gehuste überall, vorn irgendeine Kunst, schwer zu verstehen, schlecht zu sehen, übrigens sehr düster ausgeleuchtet – eher einge-dunkelt, könnte O'Neill sein, dann wird sich's noch lang hinziehn: 'ne Inzestgeschichte offenbar, mit viel Whisky. Die haben's gut da droben, wenigstens was zu trinken. Ich freu mich jetzt schon auf das frische Pils hernach; schad, dass die Thea nicht mitgegangen ist. Was macht jetzt eigentlich die Monika? Lang nichts mehr gehört von ihr; sollt ich mal wieder anrufen. Herrgott, das Scheiß-Fax ist auch schon ewig kaputt. Im Fernsehen wär' heut der Woody Allen gelaufen. Wär ich bloß zuhaus geblieben! Diese Hitze!

Da oben trinken sie schon wieder. Was ist heut eigentlich für'n Tag? Mittwoch, könnt sein, jedenfalls hat das Gläserne Eck dann auf. Herrgott noch mal, ein Bier jetzt und es stünde gleich anders um die Kunst. Hoi! ist mir doch glatt der Kopf nach vorn geknickt, mal lieber abstützen mit der Hand; war schon gut, dass ich die Lehne nicht hergegeben hab. Wenn ich das Kinn hier so reinbette und die Finger seitlich als Augenklappe hochstelle, sieht keiner, dass ich … aber das Gleichgewicht ist verdammt schwer zu halten … zack, schon wieder weggekippt! Jetzt vielleicht, ja … nur'n paar Minuten … hernach das Bier … ahhh … das Bier … Renate anrufen, ja … was is? Scheiße!

Die trinken noch immer ihren Whisky. O'Neill, Albee oder O'Casey. Pinter wär auch möglich, jedenfalls was Anglo-Amerikanisches. Bin glatt eingeschlafen, hoffentlich hab ich nicht gegrunzt oder gesabbert. Alles trocken. Huch, jetzt klatschen sie. Und was für ein Stück war's denn nun?

Das Leben zwischen Ausriss-Halden

Papier, bedrucktes Papier, wo du hinschaust in deiner Wohnung, ja, wo du hintrittst ohne achtzugeben: da stürzen Bücherstapel um und Zeitungshäufchen rutschen hinterdrein, Herausgerissenes, Vorsortiertes, Magazine, Sonderseiten und Literaturbeilagen, große – und möglicherweise großartige – Reportagen aus China und vom Psychosymposion in Waldsassen; es ist widerlich, denn all das hast du dir zurecht- und zurückgelegt zum Lesen, irgendwann, wenn du Zeit hast. Doch nie kommt diese Zeit. Und immer wachsen die Hügelchen und Türmchen in den Winkeln hinter den Sesseln, unter Tischen, neben dem Bett: Das alles musst du, musst du noch durchackern! Den Artikel über die Frage, warum in München keine Kultur möglich sei, diesen da über alternativen Landbau um 1900 und den Bericht vom Überangebot an Kultur in München und über Thomas Bernhards Kindheit erst recht – es ist ja alles so unglaublich spannend und wert, es zu wissen; das kannst du doch nicht wegschmeißen, einfach in den Reißwolf, wie dumm das doch wäre! Nicht zu reden von den Bücherstapeln. Ganz zu schweigen von den Manuskripten, die man dir zuschickt.
Die Mülltonne ist keine echte Lösung. Sicher, einige Tage sähe die Wohnung wieder größer und heller aus, man käme auch endlich an die Wollmäuse ran, und vor allem: du würdest das Fortgeworfene nie im Leben vermissen – und danach wär's eh gleichgültig; aber: Wie der Mauerschwamm stets wiederkehrt, so lagern sich Zeitungsfetzen in jede freigewordene Nische.

Amédée oder Wie wird man ihn los hieß Ionescos Theaterstück über ein Ehepaar, in dessen Wohnung, sie mehr und mehr füllend, ein fremder Mann hineinwächst wie ein Riesen-Kefir. Das nannte man damals absurd. Es war verflucht realistisch. Ich hab's mit Umziehen versucht, und nun türmen sich Kartons und Plastiktüten voll wichtigster Makulaturbündel um die neu gekauften Möbel. Hab den *Spiegel* abgesetzt, fünf Monate beinah hab ich's durchgehalten, doch werd' ich immer wieder rückfällig – dann sitz ich mit roten Augen und sauge mich voll, tagelang, mit Lug und Betrug und herrlichsten Schweinereien in Politik und Leben; nur bei der *Zeit* ist es mir annähernd gelungen, ich mache stattdessen jetzt lange Spaziergänge und beginne meine Mutter zu verstehen, die, kaum war sie Witwe, sämtliche Zeitungen abbestellte, um Fontane zu lesen und Highsmith und Briefe zu schreiben. Andrerseits halten Tageszeitungen am wenigsten auf; das meiste – im Feuilleton – muss man nur anlesen, schon merkt man: Welch ein Langweiler, rasch das nächste!

So kommt der Abend, mit ihm das Fernsehen. Immerzu motzen alle übers Programm – ich aber versinke mit starrem Blick in Filmen und Reports, glotze enthemmt auf Münder, die sich zu bewegen scheinen, denke: schau um Gottes willen weg, mach doch aus! und schaue hin und mache nicht aus. Das süße Gift verträpfelt mir alle Abende, an denen ich diesen Fontane lesen oder mich endlich an eine jener Ausrisshalden heranmachen könnte. Aber ist es denn nicht hübsch und possierlich, sie reden zu lassen in diesem Kästchen da vorn, irgendwas und irgendwie? Ist es nicht wonnig, immer von neuem die schönsten Filme der Welt anzusehen? Ich verstehe nicht, wieso gemault wird über Wiederholungen. Mir ist alles stets von neuem neu. Ja schön, sobald das Bild läuft, ahne ich, es schon zu kennen – aber anders als im Kino bin ich nie sicher, weiß also auch nie wirklich, wie's weitergeht.

Wie in eine Nährlösung eingebettet suckle ich die Bildchen und kann mir nicht merken, wie sie schmecken. Wer van Gogh nur von Briefmarken kennt, wird ihn problemlos mit Janosch verwechseln. Der Blick ist vom Vorüberziehn der Bildchen so müd geworden, dass er nichts mehr hält. Täglich kenntnisreicher, glotzen wir erkenntnislos dem ablaufenden Leben hinterdrein. Umstellt von Einsichten, bleiben sie mir in wuchernden Papierhalden und entflatternden Bilderfolgen Tag um Tag verschlossen.

Nichts jedoch, gar nichts ist gegen das Radio und seine Wortsendungen einzuwenden – außer gegen manche Sendung. Das Radio fördert im Heimwerker Handwerksgeist und Hausmannsfreuden, lässt mich Kartoffeln willig schälen, bügeln, tapezieren, und ich erleide keinen Zeitverlust, sondern verdopple die kostbare Zeit.

Jetzt aber genug geplaudert, gerade wirft mir der Postbote frische Magazine und Zeitschriften ein, die ich rasch durchsehen und ausreißen muss: den Quark zum Altpapier, das Wissenswerte auf die Halden und Türme. Das werde ich später lesen, wenn ich Zeit habe.

Einton und O-Ton

Wie macht der Wauwau? Und wie die Muhkuh, das Bählamm, die uralte Schlosstür? Und wie macht die Straßenbahn? Genau – da kommt's drauf an, wie alt sie ist. Vor einigen Jahren noch hat sie Ratatat und Ruckzuck und Kchchch gemacht, da gab's das harte Reißen an der ledernen Abklingelleine, das eisern trockene Klingping, dies malmende Kratzen und Rumpumpeln in den knirschend quietschenden Gleisen, ungefedertes Hoppeln an Schwellen und Weichen, das zahnziehende Kurvenwiehern und das Kreissägekreischen einer Vollbremsung, wenn der Sand unter die Stahlräder prasselte. Eine Orgie an Geräuschen und somit an Hörerlebnissen.
Heute macht die Straßenbahn Pfff und Kschsch beim Türöffnen und Pfff beim Fahren und Kschsch beim Bremsen.
Oder nehmen wir das Rasieren: Messerwetzen über schwingendem Leder, Schaumanklöppeln im Napf, Schaben auf Borsten und Haut, dazu Klappern, Klicken, Wasserzischen, Siedesimmern, Wangentätscheln und nasales Schnauben ... – Heute dagegen? Rrrkrr und jede Menge sssss!
Oder das Kaffeemachen: Du lieber Himmel, welche Klangsymphonien lockten einen damals aus den Sonntagsfedern – werktags gab es ja Malzkaffee! Bevor noch die Riechnerven hellerregt waren, hatten die Gehörknöchelchen, die Labyrinthe und Schnecken, Hämmerchen und Felle im Ohr, schon phantastische Sensationen erlebt und weitergemeldet: Sonntag ist's, warm gewiss schon die Küche, Tassen klappern und Tellerchen und Gabeln, die Brotschneidemaschine quietscht,

und gleich wird's Kaffee geben, denn schon ist das ruckartig ein- und absetzende, anlaufnehmende und nachdrückende Zermalmen der Bohnen zu hören, unterbrochen von Aufschreien der Mahlenden, wenn die zwischen den Schenkeln nicht energisch genug festgeklemmte Vierecksmühle sich verkantete und zarte Schenkelhäute böse kniff.

Das war aber erst der Auftakt zur Frühstückssonate, die über Brutzelrhythmen und Glasklirrsynkopen sich steigerte zu Geschirrklapperwirbeln und endlich ausschwang im Aufbrühsummen des ziehenden Suds. Kaffeemachen heute? Wie macht so eine Maschine? Pfff und Ssss.

So gingen die Farben des Schreibmaschinenklapperns und Klingelns und Zeilensprung-Ratschens dahin, so vertrocknete das Geldmünzenklirren zum Abbuchungsvorgang, wurde aus dem Telefon-Wählgeknatter ein nixiges Tastendrückpiepen, aus dem morgenfrischen Zähneputzen ein elektrisches Surren, blieb vom Kochen vielerorts nur sanftes Mikrowellensausen, ja, nicht mal die harten Knipsgeräusche an Lampenschaltern und Radios ließ man uns, vom Aufziehen der Uhren zu schweigen, kein Perpendikel, statt dessen Piep-Piep jede Stunde.

Nun könnte man zu all dem hier so altväterlich Bemäkelten „meingott" sagen, „was soll's, seien wir doch froh, dass der ganze Radau heut drei, vier Grundgeräuschen wie Surren, Piepen, Fiepen gewichen ist!" – unterbrochen bisweilen vom Aufklatschen eines aus dem Fenster Gesprungenen oder vom Bersten eines Atomkraftwerks.

Probleme haben wegen solcher Eintönigkeit nur die Leute vom Hörspiel, besonders dessen Regisseure. Während früher das Schallarchiv bunte Klangteppiche unter die Szenen legte, und somit jeder gleich wusste, wo man gerade war – ob morgens daheim oder in New York, ob im Großraumbüro oder in stiller Mitternacht -, ohne dass viel erklärt werden musste, ist nunmehr jeder Mörder gehalten uns mitzuteilen, ob dies knappe Klicken ein Telefonat eröffnete oder eine Verhaftung beschloss, das Zischen einen Espresso oder das Öffnen der Lifttüre signalisierte. Völlig neue Dialoge und Selbstgespräche sind nun nötig.

Angesichts der grassierenden Monotonie und also Spannungslosigkeit sind vor einiger Zeit die Leute vom „Kulturellen Wort" in den Radios darauf verfallen, dem gegenzuarbeiten, indem sie Leben in ihre Kulturberichte zu blasen sich bemühten, also Unterhaltsamkeit, Aktivitäten. Authentisches musste her, der Original- oder O-Ton.

Und nun hörst du kaum noch einen Dreiminutenbericht über ein neues Buch ohne O-Ton des Dichters, nichts über die Vernissage ohne das O-Ton-Geplauder der Galeriegäste, erst recht keine Theaterkritik – ach was „Kritik": keinen Bericht – ohne einen O-Fetzen von der Aufführung selbst. Das aber ist nun gänzlich furchtbar, denn natürlich beweist dieser Szenensplitter nichts, hingegen verfälscht er grob. Denn mag der Rezensent den Abend noch so schwach gefunden haben, als O-Ton wird er selbstverständlich eine, vielleicht die einzige starke Passage auswählen. Schließlich wird er sich hüten, seinerseits Fadheit zu verbreiten. Denn die fiele ja nun auf ihn und seinen Beitrag zurück. Woraus sich die Notwendigkeit ergibt, den Abend eben doch, und sei's in Teilen, interessant zu nennen. Ein vorher geplanter Verriss wird relativiert, ein

Nichts zum Etwas erhoben. Es wird, gerade mit den sogenannten Originaltönen, mit der vorgeblichen Authentizität,
gefälscht! Nicht anders als mit dem eingespielten, dazuge-
mischten Applaus in den Fernseh-Seifenkomödien. Wie
grässlich ist solch ein künstliches Gelächter vom Band, wie
ekelhaft der Beifall aus dem Archiv. Und wie wundervoll der
echte, einzig wahre Live-Beifall!

Schon wahr, die Straßenbahnen waren arge Radaumonster,
der einstige Küchenwirrwarr trieb manchen zu Tränen, und
so ist es doch ganz gut, wenn heute beinah alles lärmgedämmt
und schallgedämpft ist – oder? Ja, gewiss. Aber der Mensch
fühlt sich im leisen Leben offenbar nicht lebendig genug und
so setzt er nun überall dort, wo bislang Geräusche waren,
Krach dagegen: Die Hausmeister werfen den Besen in die
Ecke und düsen lieber röhrend auf Riesenstaubsaugern durch
die Hinterhöfe und lassen wahre Turbinengebläse zum Laub-
verjagen jaulen. Über den Städten liegt das Brummen der
Klimaanlagen und überm Land das Rattern der Rasenmäher
und das Knatterbersten der Häcksler: kein Sensen-Dengeln
mehr, kein sanftes Kratzen der Laubrechen oder das Holpern
von Ochsenkarren, im Winter kein rhythmisches Schippen,
kein Holzhacken und Scheitefallen, mit einem Wort: kein
Geräusch, das an Menschen denken lässt, nur Krach von
Maschinen, somit keine Individualität mehr, kein seliges
Erinnertwerden, kein Identifizieren mit Personen, Situationen,
Regionen – nur überall einheitlicher Lärm. – Schon das Wort
„Geräusch" barg noch das freundliche „Rauschen".

Dazu passt, dass gegen Hähnekrähen und Glockengeläut
geklagt wird. Derlei fällt ja heraus aus dem akzeptierten

Radauteppich, ist verstörend ungewohnt und darum nicht so leicht zu übergehen wie die anderen, nicht weiter auffallenden Tageserlebnisse. Dazu passt, dass Autoradios bei offenen Verdecken ihre Wummerpower in unsere Ohren pressen, ohne dass man die Fahrer mit Tomaten beschmeißen dürfte, dass bei jeder Hochzeiterei die verdeppten Begleitfahrer Huporgien tröten lassen und uns so weit bringen, dass wir das Brautpaar zur Hölle wünschen. – All das ist jedoch längst akzeptiert, ist quasi normal, gerade weil es unpersönlicher, industriell gefertigter Krach ist.

Das Sterben der Artenvielfalt in unserem Jahrhundert gilt nicht nur in der Bio- und Zoologie, es trifft auch auf Landschaften zu, aufs Essen, aufs Reden, ja sogar aufs Lieben: Von allem wird ständig mehr geboten – und immer weniger davon senkt sich in die Tiefen unserer Seele. Die Seele macht die Schotten dicht, die fünf Sinne, ständig gekratzt und gejuckt, verkümmern.

Daheim

Schwabinger Spaziergang

Stadtviertel wandern, nicht die Häuser, aber ihre Atmosphäre.
So sind die Künstler in New York von der Lower East Side
über SoHo nach Williamsburgh gezogen und in Paris vom
Montmartre über den Montparnasse ins Marais. Denn immer
wenn der Faulglanz der Bohème etabliert war, wollten auch
Biedermenschen daran teilhaben und am Dunst der Kunst
schnabulieren, im Verruchten sich räuchern. Und dann verließen die Künstler den stinkenden Fisch.
Das ist mit Schwabing genauso gegangen. Da lief, ab 1970
etwa, der Fluchtstrom über Haidhausen und Neuhausen und
dürfte jetzt die Schwanthalerhöh im Visier haben. Weil aber
die Szene heute so weit gefächert ist – von Literaten und
Bildhauern bis zu Disco-Fuzzies und Soap-Tussies – bleibt
für jedes Quartier genug Glanz und Atmosphäre übrig, auch
für Schwabing also.
Tagsüber ist es nach wie vor straßenheiter verschlendert, bouti-
quenbunt; Filmmenschen, Lyriker und sogenannte Bildende
Künstler wohnen wie je hier, was auch daran liegen mag, dass
sie vor drei, vier Jahrzehnten schon eingezogen sind. Das war
die Zeit, als Horst Krüger bei einem Besuch der Stadt auf-
stöhnte: „Nun sieh dir das an, die Ainmillerstraße, lies es doch
an der Tür ab: 27 Klingeln sind da, und jeder Klingelknopf

ein Künstler. Überall riecht es nach Malerei, nach Mode und Prominenz."

Es riecht inzwischen eher nach Pizza und Pisse, und aus den hotten Ratschkneipen sind coole Brüllbistros geworden, die Versicherungen fressen sich durchs Wohngebiet, und die Hausbesitzer spülen die kleinen Alltagsläden in die Gullys. Trotzdem gibt's Schwabing heute noch, es steht ja sogar auf dem Stadtplan; und trotzdem ist es okay, hier zu leben.

Gemosert wird seit je über die „Entwicklung", beispielsweise 1911 von dem allerdings stadtfeindlichen Ludwig Thoma: „Kurzsichtige Stadtväter", notiert er, „haben der Gewinn-sucht das Land überlassen, und die Erfolge sehen wir mit Zorn und Trauer. Was haben die Vandalen aus Schwabing gemacht? Straße neben Straße mit dem Lineal gezogen, ein Mietstadel am anderen, die meisten himmelschreiende Sünden gegen den Geschmack."

Was sind wir heute froh über diese Renditehäuser der Jahr-hundertwende! Und was waren sie damals glücklich, als sie alle, alle kamen nach Schwabing, an dessen Entree Uni und Kunstakademie hingeklotzt standen, während dahin-ter auf den Wiesen neue Häuser hochschossen. Was heu-te „Schwabing" genannt wird, muss um 1890 herum eine gigantische Baustelle gewesen sein. An die 10 000 leerstehende Wohnungen gab es hier, und viele mussten erst „trocken gewohnt" werden, weil die Ziegel und der Mörtel die ersten Jahre eine ungesunde Feuchtigkeit ausschwitzten. Also such-ten die frischgebackenen Hausbesitzer händeringend nach Mietern und inserierten an den soeben gepflanzten Bäumen und in den grad eröffneten Milchläden: „Billige Zimmer, voll möbliert, gern an Studenten, auch Künstler angenehm." Und jetzt kamen sie. Denn es sprach sich herum, und auch dass es hier Biergärten gäbe und den Starnberger See, die Berge, Parks, Brunnen, Kaffeehäuser – und über allem den seidigen Föhnhimmel und eine große Toleranz.

Diese Toleranz drückte sich vor allem in heftiger Wurschtigkeit aus, die stolz als „Leben und leben lassen" verklärt wurde, in Wahrheit aber einfach Desinteresse war. Außerdem waren ja alle neu hier und fremd, die Bayern wie die Preußen; keiner hatte ein eingesessenes Vorrecht, die diversen Sozialgruppen suchten und fanden sich erst hier zusammen, hatten rasch ihre speziellen Wirtshäuser, ihre Cafés. Die einen trugen Loden und Joppen, die andren konnten, wenn ihnen danach war, barfuß gehen. Wenn diese Künstler meinten, sie müssten mit Riesenhüten, in eine Toga gewickelt oder viertelnackert, einen Kohlrabi am Gürtel, durch die Straßen wandeln, bitte, sollten sie!

Nicht lang, so hockt an jedem Hauseck ein Genie, in den Cafés streiten Literaten und Ästheten über die einzig wahre Richtung, unter den Giebeln grübeln Schwarmgeister, pinseln Maler – auf dem Diwan sündige Modelle – ihre neue Kunst auf Leinwände und ihr Sexualleben aufs Bettuch, und im Treppenhaus schimpfen die Zimmerwirtinnen. Draußen radelt sehr senkrecht Thomas Mann vorüber, schlurfen Anarchisten mit wilden Bärten, üben Kabarettisten schrille Reime, ballt Lenin probeweise seine Faust, während Paul Klee seinem Nachbarn Kandinsky ein „Grüß Gott" durch die Ainmillerstraße zuruft und die Gräfin Reventlow sich auf ihren neuen Liebhaber freut.

„Lässigkeit und hastloses Schlendern in all den langen Straßenzügen" beobachtete Thomas Mann 1902, und Erich Mühsam fand: „Das Cliquenwesen war reich entfaltet, doch fanden keine unübersteigbaren Abgrenzungen statt. Was zusammengehörte und zueinander strebte, fand sich in den Kaffeehäusern, Weinstuben und Bierkellern an den Tischen, welche zu den verschiedenen Tageszeiten die verschiedenen Sammelpunkte der verschiedenen Freundes- und Kollegenkreise abgaben."

Die Cafés: das *Noris*, das *Stefanie* (auch *Größenwahn* genannt), die *Dichtelei*, der *Simpl* wurden in diesen Jahren eröffnet, und war die stilverändernde Zeitschrift *Jugend* 1896 noch in der Stadtmitte gegründet und etabliert worden, so krempelte der vier Monate später ins Leben gerufene *Simplicissimus* die wilhelminische Welt von Schwabing aus um. Der Wilhelminismus war ja der andere Grund, weshalb sich in Schwabing die Bohèmiens, die Revoluzzer und Neutöner, die „Malweiber" und Propheten auf die Füße traten: weil das Zackige, das Sittenstrenge und Säbelrasselnde im Königreich Bayern lässiger gehandhabt oder gleich ganz abgelehnt wurde. Die Wittelsbacher hatten eben einen Widerwillen gegen die Hohenzollernbrüder in Berlin. Und wenn Wilhelm „Rinnsteinkünste" verachtete, machte Prinzregent Luitpold neugierig Atelierbesuche bei den Wilden und Verfemten.

Aber der Kaiser mit dem zu kurzen Arm saß am längeren Ruder, und ab 1910 verlor München langsam an Glanz; auf den lebensheiteren Jugendstil folgte der aufschreiende Expressionismus – und darin wurde Berlin führend: das Großstädtische eroberte Bühne und Staffelei. Münchens Dorfcharakter verspießerte. Der Erste Weltkrieg besorgte den Rest. Die Künstler, soweit landfremd, wurden ausgewiesen oder sie fielen auf Schlachtfeldern, und nach Krieg und Revolution landeten manche im Gefängnis.

In München kroch und marschierte nun die spießigste Bierhaus-Reaktion an die Macht, flankiert von bayerischem Adel. Und durch die Cafés von Schwabing streifte ein 30jähriger Kriegsheimkehrer, der eigentlich Kunst hatte studieren wollen: Adolf Hitler.

Die Welt in Tusche ersoffen

Die monatliche Kolumne für die *Süddeutsche* ist fällig. Oktober: Herbst, du lieber Gott, was soll man da noch schreiben? Lyrisches Zeug mit Abschiednehmen und letztem Glanz, sentimentales Sichwiegen in ersten Nebeln überm Altweibersommer im Englischen Garten? Ja, das ließe sich machen, so könnte ich beginnen und dann erzählen vom goldnen Herbst mit seinem goldenen Laub im Park, dem rotgeflammten Abendföhn überm dunkelnden Hofgarten, wo die Boulekugeln klacken, die Pärchen plappern beim Prosecco vor den Arkaden ... So war das gedacht, tief lyrisch und mit diesem wehen Sommerabschiedslächeln – und dann war das Licht weg.

Weg ist gar kein Ausdruck. Es war verschluckt, vielleicht in die Hölle gestürzt, Apokalypse now, dies war der erste Schöpfungstag. Überm Schreibtisch lag die schwarze Nacht, und aus der eben noch herbstheitren Seele quoll das Lied *This is the end*.

Kein Funke war übriggeblieben. Draußen die Welt in Tusche ersoffen, im Zimmer nicht mal das Glimmen von Schalterknöpfen, kein Surren des Kühlschranks, Radio, Fernseher tot, die Gas-Therme stumm – sie wird ja, wie eigentlich alles, elektrisch befeuert; kein Nachbar konnte klingeln, niemand fand das Treppenhaus rauf oder runter, so rabenschwarz stak jede Bewegung fest im Garnichtsmehrsehen: Über das riesige Schwabing-Gebiet war, eines Kabeldefekts wegen, am späten Abend ein dickes Filztuch gefallen. Schwabing wurde Pompeji.

Dann die ersten zuckenden Kerzen, hier, da, noch wo, arme Seelen unterm Neumond. Natürlich keine Straßenlampen, keine Ampel, nicht die kleinste Reklame, bloß das U-Bahn-Schild blakt weiß aus der Wüste – vom Notaggregat gefüttert. Du siehst das alles, weil du nun spazieren gehst, denn das muss man gesehen haben, dass man einfach nichts sieht! Du tastest übers Trottoir, die Taschenlampe im Anschlag – aber ihr greller Kegel zerreißt widerlich deine Sinne, weshalb du sie ungenutzt in der Faust hältst, als Waffe, falls dich der Mörder anspringt. Doch auch die Gangster wissen nicht weiter, die Junkies finden ihre Venen nicht, und an der schwarzen Ader der Leopoldstraße, vom Föhn gestreichelt und von peitschenden Autolichtern geblendet, sitzen Schatten zwischen Kerzen vor und in den Cafés. Noch ist das Schoko-Eis frostkalt, noch die letzte Pizza warm, gleich wird's nur mehr laue Getränke geben. Die Kinos sind so erloschen wie alle Geschäfte; die Restaurants in den Seitenstraßen nur für Kundige zu finden, die ganze Fun- und Schmuddelecke am Wedekindplatz ist eine Insel gedämpfter Stimmen, in schwarze Watte gehüllt; sogar der ausgelöschte McDonald's sieht erstmals aus wie ein Gasthaus. Im Lustspielhaus, wo nebendran grad einer im Schutz des Zappenduster die Eingangstür bepisst, singt der Ostbahn-Kurti hinter vier Kerzen ganz ohne Mikro seine Lieder, die nun, statt röhrend in die Magengrube, melancholisch zu Herzen gehen; und überall in den Kneipen, Pubs und Bars, wo sonst die Bässe wummern und die Stimmungssucher daher brüllen, liegt jetzt der sanfte Klang miteinander redender Menschen, hie und da begleitet von einer Live-Band: ganz ohne Verstärker, ein wunderbares Erlebnis!

Draußen heiter aufmerksame Gesichter – soweit erkennbar, ein Hauch von Weltkriegsende und Trümmernot streift über Schwabing und verbindet, und über uns, siehst du nun staunend, stehen all die vergessenen Sterne!

Zuhause dann wieder, nach Mitternacht, merkst du, dass du den fernseh- und radiolosen Zustand nicht nutzen kannst, denn auch das Lesen geht nicht beim Kerzengeblak. Und dann fällt dir der Anfangssatz deiner geplanten Kolumne wieder ein, du machst einen Wein auf und merkst: Männer und Frauen, so miteinander, haben schon auch ihren Sinn.

Wusch! flammen die Lichter auf, so abrupt, wie sie verschluckt worden waren; und alles ist wieder banal, die erleuchteten Straßen nur öd, die Reklame überall eklig, alle nachtschwarze Poesie ist ermordet. Nur diese Erkenntnis mit den Männern und Frauen rettest du dir in die Nacht.

Giesing ist nicht Brooklyn

Haben die jetzt acht oder zehn oder wie viel Millionen da drüben in New York? Auf jeden Fall sitzen und wuseln allein zweieinhalb in Brooklyn herum. Juden, Schwarze, Makkaroni, Krauts und Rüben. Man könnte sich das so vorstellen: Wenn Manhattan Sendling wäre, wäre Giesing Brooklyn – mit dem East River dazwischen, und der Nymphenburger Kanal wäre dann der Hudson, und Allach hieß New Jersey und wäre ein eigener Staat!

Hinüber kommst du von Manhattan nach Brooklyn am schönsten auf der Brooklyn Bridge, besser aber, du gehst den umgekehrten Weg, denn dann lustwandelst du wie auf einem Traumteppich, immerzu das unglaubliche Panorama dieser Wolkenkratzgebirge vor den aufgerissnen Augen, in das du Schritt für Schritt weiter hineingehst wie in einen irdischen Himmel: Das ist die Menschenwelt, schreit es in dir, entgeistert, begeistert, das ist das Leben, die Kunst, die Zivilisation; hier ereignet die Welt sich! Breite die Arme aus, geh schneller! All die Millionen hier gehen zügig und zugleich schlendernd, und es zieht dich ganz einfach mit Macht voran über die Brücke, damit du rasch an all der aufregenden Prächtigkeit vor dir und um dich herum teilhaben kannst. Unter deinen pochenden Füßen vibriert die Brücke, ein Stockwerk unter den flinken Flaneuren, Joggern, Radlern und Skatern fahren vielspurig die Autos, und neben dir schneiden die Stahltrossen eiserne Netze in die blaue Luft, tief drunten fließt der East River in die Weite; und dann bist du mit einem Mal angekommen in der steinernen Stadt, und seltsam: abermals werden die Lungen weit, dein Blick scharf und voll Begierde auf mehr, immer mehr von all dem Leben hier: so ist das mit New York, den hohen Häusern, den vielen Menschen und der Brooklyn Bridge.

Gestern bin ich über die Reichenbachbrücke gegangen, von der Au hinüber zur Fraunhoferstraße. Blau der Himmel, föhnig warm war's, aber irgendwie anders als in New York. Was als erstes auffällt: die Brücke ist kürzer. Du bist nach circa 90 Sekunden drüben, wo du auf der Brooklyn Bridge fast eine halbe Stunde unterwegs warst. Drum schwingt auch nichts, die Pfeiler stehen einfach so im Wasser, und die Isar hat davon entschieden weniger als die Amerikaner. Auch saugt es dich auf der Reichenbachbrücke nicht so wollüstig hinüber, du kannst es bei aller Kürze erwarten, drüben zu sein. Nicht dass die Fassaden der Erhardtstraße gar nichts wären oder die Fensterscheiben vom Europa-Patentamt dahinter, bloß: sie sind einem wurscht, einfach wurscht.

Wenn dann an den possierlichen Verkehrsampeln überall jeder wartet, ob auch wirklich ein Auto kommt, denkst du: der Wuselbetrieb in New York, wo Rot nur Motorisierte betrifft, Fußgänger aber, die so viel Zeit nicht vergeuden mögen, ganz nach Gusto die Seiten wechseln, hat verdammt viel für sich, macht wach und selbständig, und die Langsamen haben ja dennoch ihre Grünphasen.

Legst du, in den Schluchten rund ums Gärtnerplatztheater, deinen Kopf in den Nacken, um architektonischen Fluchtlinien zu folgen, verendet der Blick sogleich in den Regenrinnen, statt hochzuschießen in die Unendlichkeit. Trübe Münchner

Abende, traurige Wochenenden ohne belebte Läden, ohne Galeriebummel, nur das einsame Schreien der Bayern-Fans – da verstehst du, dass Everding so gern in New York inszeniert hat, dass der Beckenbauer sogar Trainer dort drüben war und Oskar Maria Graf nicht mehr zurück mochte zu uns.

Aber freilich, unsre Biergärten und Wirtshäuser in der Innenstadt sind schön, die schnuckeligen Prachtsträßchen mit den immer frisch runtergeputzten Häuschen haben schon Charme – und überhaupt: der Kontrast ist das Leben!

Viel Vergnügen im Advent

Schön ist das, dieses München, grad jetzt, unterm weiss-blauen Winterhimmel, wenn du beim Weg zur Arbeit oder auch bloß so, beim Rumstrawanzen, an den Vitrinen voller Tibetteppiche, Pullover, geschliffner Gläser vorbeiflanierst und kurz überlegst, ob du dir auch solch einen Elektro-Wok anschaffen solltest, wie ihn jetzt jeder hat, oder solch einen Korkenzieher – also, die sind ja heute so was von raffiniert! Man kann sie zum Drehen, Ziehen, Klappen, Kippen und zum Lufteinschießen kriegen, mit Kapselschneider und versenkbarem Temperatur-Meßstab, das glaubst du nicht: für jeden Geschmack und Tüftelgeist ein eignes Modell. Herrlich, dieser kalte Wintertag mit der weissen Sonne drin. Zwar kein Schnee, aber dieser knistrige Raureif überall, und beim Atmen hast du gleich eine Dampfwatte vorm Gesicht; Hände im Mantel, Pelzkragen hoch und die Augen schweifen lassen – schon kommst du dir vor wie früher, in der Kinderzeit. Winter ist sowieso immer ganz nah bei der Kindheit. Wahrscheinlich ist drum Weihnachten mitten in der eingeschneiten Zeit; im Sommer, wenn alle beim Baden sind, wär das irgendwie verkehrt. Man braucht diese äussere Kälte, dass man sich dann in seinen Mantel wickelt und es drinnen ganz warm hat; draussen ist alles weiß, fleckenlos, irgendwie unschuldig ... Die Maximilianstraße schaut jetzt auch gleich ganz anders aus, intimer beinah.

Jetzt schau dir den Typ da an: hockt brettlbreit genau neben dem Ladeneingang! Das ist ja schon direkt aufdringlich, find ich; und was der wieder anhat, so was Mantelartiges.

Diese Lampen da sind ja fabelhaft! So ein Niedervoltdings würde bestimmt in die Nische beim Klo hineinpassen. Das müsste der Margot eigentlich auch gefallen. Neben die kleine Kommode für die Gästetücher – 380 Euro, aber mit einem eingebauten Dimmer. In der Nacht, wenn man raus muss und das grelle Licht nicht verträgt, ist so ein Dimmer Gold wert.

Wo gehn die eigentlich zum Pinkeln hin? Und zum Übrigen? Die lässt doch kein Wirt so einfach rein da in der Gegend. Englischer Garten wahrscheinlich oder die Isaranlagen. Na sauber. Bis die sich allein schon aus all den Sachen herausgeschält haben, mein lieber Scholli.

Wunderbar, so ein geschenkter Tag. Diese Luft heute wieder, die Läden, die Residenz mit ihrer Oper und, ah, München ist schon traumhaft. Und die neugierigen Japaner, grad schaun tun's und knipsen natürlich: fotoglafilen alles und daheim gucken.

Ob's bei denen auch solche gibt, einfach so auf der Straße? Und wenn sie die jetzt knipsen und daheim herzeigen – was die in Japan von uns denken müssen!

Ob ich ins Volksbad rübergeh, paar Runden schwimmen? Könnt nicht schaden, was für die Gesundheit tun und das mitten im Jugendstil. Danach rüber ins Café, ein Cappuccino – soll man nach dem Frühstück eigentlich nicht mehr trinken, hab ich neulich gelesen, kein Italiener tut das, bloß die Deutschen, aber man muss auch mal deutsch sein können –, ein „Caffè macchiato" ging natürlich auch, dazu ein bissl „in den Journalen blättern", vielleicht ist ja wer am Nebentisch, das könnt mir heut durchaus gefallen. Danach weiterziehen.

Mein Gott, da drunten auf der Isarinsel liegen gleich ein paar von denen rum, mit richtigen kleinen Zelten, wie wenn jetzt Urlaubszeit wär, und dabei zieht's da ganz grauslig! Wie ist denn das überhaupt in der Nacht – das muss doch beschissen kalt sein, den ganzen Tag und dann noch die Nacht, und das nicht bloß heut, wo's ja schönes Wetter haben, sondern eigentlich immerzu. Nein, da möcht ich gar nicht drüber nachdenken, das will ich mir nicht vorstellen. Das ist sowieso eine direkte Zumutung. Warum lässt man die sich hier ansiedeln? Tut die Stadt da nix dagegen oder was? Das Volksbad ist mir jetzt auch vermiest.

Schau ich rauf zur Stuck-Villa, da haben sie zur Zeit doch diese Goya-Radierungen: Kriegsgräuel und Straßenszenen in härtestem Realismus, heißt es. Schwarzweiss, aber sehr effektvoll. Muss einen irgendwie umhauen, sagt der Robert. Hernach ins Kino. Im Imax soll man die Erde von ganz weit weg sehen, überdimensional, New York in Drei-D von oben und das Meer von unten; toll, was es alles gibt. Mit der Moni könnt ich übrigens mal wieder zum Thailänder scharf essen gehn, und mit der Alice wollt ich doch den Flug nach Goa buchen: drei Wochen am Strand gammeln, nicht vergessen! Weihnachten ist auch gleich, nehm ich halt doch den Wok für die Renate.

Kochen die eigentlich selber oder gibt's da eine Suppenküche? Irgendeine Klosterpforte, hab ich mal gelesen, schenkt einen Schlag Eintopf aus. Warum behalten die sie nicht gleich ganz, dann wär das Problem vom Tisch.

Trinkt man zu dem scharfen Thai-Zeugs eigentlich Bier oder Wein?

So, jetzt ist ihm seine Rotweinbuddel umgekippt – und er hinterdrein. Weil's auch immer saufen müssen!

Sollen oft als Millionäre sterben, hört man. Und wenn du ihnen eine Mark gibst, versaufen sie's bloß, sagt man. Einige sind richtige Betrüger und überhaupt nicht beinamputiert oder blind, liest man. Und die Sieglinde sagt immer, dass sie denen „aus Prinzip" nichts gibt. Was für ein Prinzip ist das? Die wären sowieso alle zerrüttet, meint sie, und man könnte ihnen eh nicht helfen. Ob sie die Mark zur Bausparkasse bringen sollen, hab ich gefragt: für ein Appartment später mal? Vor allem die an den Kirchentüren haben einen enormen Stundenschnitt, hab ich gehört. Für welch einen Stundenlohn tät ich mich neben die Kirchentür setzen, ganztätig? Für wieviel würde ich auf dem Lüftungsschacht schlafen, allnächtlich, zwischen Taubendreck, Bier und Spucke?
Mag der eine oder andre lügen – die Kälte lügt nicht. Scheiss auf den Wok für die Renate.

Jetzt rappelt er sich wieder hoch, die Flasche ist allerdings hin, und er hat sich, wie's ausschaut, nass gemacht – eine Zumutung!

Einsamkeit allüberall
Winter 1915 – Ludwig Thoma schreibt die *Heilige Nacht*

Dezember, Advent, gleich ist Weihnachten. Und allüberall durch die Festsaalritzen sieht man nun Vortragskünstler
flitzen. Wie andernorts die Büttenredner und Faschings-
prinzen, so jagen sie dieser Tage von Auftritt zu Auftritt, aus
der Altenbetreuung zur frei verkauften Stadthalle, wo die
Tannenzweige bereits am Pult stecken und nun rasch ein paar
Kerzen entflammt werden, denn schon stürzt der Rezitator
– bekannt von Funk und Fernsehen – aus dem Tannengrün,
und nun nichts wie her mit der Besinnlichkeit, aber schnell!
Das Taxi draußen wartet so lang.
Solch eine Hektik berufsmäßiger Gemütsproduzenten hatte
Ludwig Thoma ganz und gar nicht erahnt, als er im Winter
1915 die *Heilige Nacht* dichtete, er hätte zu der Zeit wahrscheinlich nicht mal den satirischen Aspekt dabei ertragen
und ihn spöttisch gegeißelt. Nein, im Kriegswinter 1915/16
war Thoma nur noch wund.
Verstört, weil seine „braven Deutschen" statt dreinzuhauen
nun selber zerschossen wurden und in dreckigen Schützen-
gräben verreckten; voll Selbstmitleid, weil ihn seine Frau
Marion betrogen und verlassen hatte; bitter geworden, weil
seine liebsten Freunde der Reihe nach alle gestorben
waren, kurz hintereinander – bloß Ganghofer war noch da
und besichtigte mit dem Kaiser zusammen den Krieg.
So hockte der Thoma Ludwig, die lange Gesteckpfeife im
Mund, 49jährig am Kachelofen auf seiner Tuften, diesem

Prachtbauernhof überm Tegernsee, und schaute hinaus in die tiefverschneite Einsamkeit um ihn her. Eigentlich war alles schiefgegangen für ihn – vom Ruhm einmal abgesehen, aber von dem konnte man jetzt im Krieg und allein da heroben auch nicht abbeißen.

Was hatte er sich über den Krieg gefreut und über seine tapferen, sauberen Burschen! Was hatte er, als Chef des Satireblatts *Simplicissimus*, nicht alles getan, um jeden Spott ins Vaterländische umzubiegen: den totalen Kurswechsel erzwang er, beschimpfte im Kasinoton die widerstrebenden Kollegen der Redaktion und peitschte in eigenen Kommentaren auf zum Dreinschlagen, spie heißes Eisen, schnaubte Blut und brachte Extra-Flugblätter gegen den Feind heraus und wollte wenigstens als Sanitäter dabei sein, im Osten: „Unter mir das brennende Gorlice. Herrgott ist das schön! Wieviele tausend gefangene Russen wurden an mir vorbeigetrieben. Tiere mit bösartigen, dummen Gesichtern."

Nun aber schienen sie gar die Stärkeren zu sein. Hunderttausende sind schon krepiert am Isonzo, an der Marne, in Galizien, oder sie kommen von Senfgas erblindet nach Haus. Es ist alles so ganz anders als zu Beginn, im strahlenden ersten Kriegsjahr, als Thoma die Szene *Christnacht 1914* gereimt hatte, die „in einem Schützengraben in Frankreich" spielte und zwei Bauern als Landwehrmänner bayrisch drauflosverseln ließ von den dummen französischen Kriegshetzern und von der so tapfer bewachten alldeutschen Heimat, mitten in der Christnacht: „Na, Kinder, kommt!" sagt jetzt der Hauptmann, „Indes ihr schlieft, / Im Traum wohl nach dem Christkind rieft, / Kam's aus der Heimat da herein / Und bringt uns Baum und Lichterschein / Und einen Gruß vom Vaterland", dann gibt's Punsch und alle singen *Stille Nacht, Heilige Nacht!* dazu von fern Kanonenschläge. Vorhang.

Und jetzt, 1915, gab's statt Punsch bloß noch Ersatzkaffee mit Steckrüben.

Den Bauern hatten sie nach den Söhnen und Knechten auch noch die Rösser genommen – es war zum Verzweifeln.

Und Thoma hatte nicht mal mehr eine Frau, keine Kinder waren da, keine Kollegen, keine Zuhörer. So träumte er sich jetzt zurück in die stille Kindheit, drunten in der Vorderriß, wo der stattliche Vater Max königlicher Oberförster gewesen war und seine Mutter, die Wirtstochter aus Oberammergau, nebenher den spärlichen Gastbetrieb geleitet hatte.

„Meine ersten Erinnerungen knüpfen sich an das einsame Forsthaus, an den geheimnisreichen Wald, an die kleine Kapelle, deren Decke ein blauer mit vergoldeten Sternen übersäter Himmel war", so notierte er jetzt auf seiner Tuften für die *Erinnerungen*: „Dazu gehörten Pfeife und duftender Kaffee und ein Kreis von Menschen, die gewillt waren, alles wohlwollend aufzunehmen, die Nachrichten aus einer fernen Welt mit Interesse zu hören und sich dabei in ihrem Winkel erst recht wohl zu fühlen." Einsam – aber nie allein war man da gewesen. Ganz anders als jetzt.

Das alles fiel ihm nun wieder ein, die Kindheit, die Geborgenheit. Er hatte ja sein trautes Zuhause verlassen, hatte Paris besucht – und sich besoffen an den dortigen „Weibern", war mit Lackschuhen nach Berlin gereist – und außer sich vor Begeisterung; klein und quadratisch war er – seine Sehnsucht galt allem Großen und war dabei ständig von der Angst, nicht standhalten zu können, überdeckt. Von Literatenkreisen und von Intellektuellen hielt er sich strikt fern.

Aus der schlagenden Verbindung war er wegen „Muckens" rausgeschmissen worden, seine Doktorarbeit hat er nie abgegeben – den Titel also erschwindelt, als Rechtsanwalt in Dachau hatte er schrecklich versagt, dafür aber als deutschnationaler Festredner Eindruck gemacht und es trotzdem hernach auch in München als Jurist zu nichts gebracht.

Frauen sind ihm eh bloß „Weiberfleisch", grad tauglich zum „Kopulieren" – und zum Renommieren. So schnappt er sich, gegen stattliche Ablöse, die Frau eines Berliner Kollegen, eine ausländische Cabarettänzerin, von Slevogt in Öl gemalt, groß, schön und dunkel: Marietta di Rigardo, genannt Marion. Ein Rassepferd sozusagen für den Pfeifennuckler Thoma. Die holt er sich jetzt in sein Haus überm Tegernsee, zu den Rehkrickerln und Hirschgeweihen, den Eisstöcken und Bauern. Einen Tennisplatz legt er für sie an, kauft sich Schläger und weißen Dress, aber eigentlich zieht er Tarock und Jagerstutzen vor. So brennt sie ihm durch. In seinen *Erinnerungen* gönnt er ihr kein Wort – dafür in seinen Dichtungen, wo sie Cora ist und Lola Montez, Magdalena und der Hausdrachen im Einakter *Waldfrieden*.

Waldfrieden! Aus und vorbei. Totenstarre liegt über den Wäldern ringsum, bittere Einsamkeit, verbittertes Verlassensein und keine Zukunft. O du lieber Augustin! Und wie schön war's doch damals, in der weichbeflockten Vorderriß zu Weihnachten: der Kaffee, Zimtsterne, die Eltern, das Gesinde und die Geschwister, die Tiere im Wald und im Stall. Zum Weinen könnt einem sein.

Im Wald is so staad,
Alle Weg san vawaht,
Alle Weg san vaschnieb'n,
Is koa Steigl net bliebn.

Ja, so war das wohl. Und Maria und Joseph haben zusammengehört und einander vertraut.

Ganz Nazareth sagt, wia de leb'n,
So friedli und brav und so staad! –
Dös muaß's wohl net glei wieda geb'n!
Waar schö', bal's as öfta gebn tat.

Schön, ja schön wär's gewesen. Ist es aber nicht, weil diese Weiber heut bloß ans Vergnügen denken. Anders als damals die Maria.

Sehgt's, Leuteln, so tapfa is s' g'wen,
Koan Augenblick hat sie net greint,
Da kunnt'n de Weiba – was denn? –
A Beispiel dro hamm, wia's ma scheint.

Ein Kind haben die beiden auch gekriegt. Und er, der Ludwig Thoma, hat gar nichts gehabt. Nur das Alleinsein.

Kalenderblätter

Gusto Gräser, Naturmensch, geboren am 16.2.1879

Er selbst nannte sich „Bildner", und die Leute sagten „Kohlrabiapostel" zu ihm. Schriftsteller war er nicht, auch Autor klingt bei ihm falsch. Gusto Gräser war Dichter. Gewandet in einen härenen Sack, um die Leibesmitte einen Ledergurt, daran ein Netz mit Gemüsen, die bloßen Füße in Jesuslatschen, ums Wallehaar des Hauptes einen Reif, so schritt er reimend – und stark riechend – durch sein kompromisslos friedseliges Leben: „Frei lebt nur der, der im Entschlusse lebt: / Im Kampf mit dir, oh Not, will-ich-dir-wachsen! / Ohn dich, Urdrang, ist Freiheit nur Geschrei, nur Schluckerbrei, / oh wohlbe-Stallt, oh gutbezahlt, / angstkrumm in Krämerkrampf verkrallt, / huhu in Giftgrams Krallen / ich – bin – es – satt – – und Du?"
Dieserart reimte er von 1900 bis zum Ende, 1958, in einer Gartenklause von München-Freimann, seine Verse und verkaufte sie einzeln und handgemalt an Passanten.

„Dieser Mann ist reinen Herzens und liebt Deutschland. Er meint es gut und freundlich mit uns, und gut und freundlich sollte man ihm begegnen", schrieb Thomas Mann, als Gräser 1926 – wieder mal – aus Bayern ausgewiesen werden sollte. Denn zwischendurch agitierte er auch die Menschen: für den Frieden, gegen die Rüstung, gegen die Staatsgewalt.

1898, Gusto war 21, gründete er mit seinem Bruder Karl in Galizien eine Landkommune, die sich *Ohne Zwang* nannte, und dieses *OZ* stempelte er noch jahrelang unter alle Gedichte; es begleitete ihn durchs Leben. Auch nach Ascona, wo er und Karl den *Monte Verità* etablierten, eine Künstler- und Ökofreak-Gemeinschaft, zu der alle, die auf sich hielten – und auf die Gesellschaft nichts – alsbald pilgerten oder sich gar niederließen im Tessiner Ashram: Lenin, Kropotkin und Mühsam, die Reventlow, Käthe Kruse, Isadora Duncan, Mary Whigman, Paul Klee, Rudolf Steiner ... und Hermann Hesse, zwei Jahre älter als Gräser, aber doch sein bewundernder Schüler. Eine Zeitlang wohnte er sogar in Gräsers Höhle, setzte ihm später als *Demian* ein Denkmal. Man warf Gräser bald aus der Gemeinde: er war allzu individualistisch – OZ eben, trug dann seine Bohème ins aufblühende Kunstschwabing, wo er im *Simpl* gern durchblicken ließ, dass er unter der Kutte nichts weiter trug.

„So sanft war er," sagte Oskar Maria Graf, „dass er nicht einmal seine Läuse und Flöhe tötete; so völlig hatte er sich der Natur genähert, dass er wie eine Ziege stank. Er gab vor, sich nur in Quellwasser zu waschen, und da es in der Stadt keine Quelle gab, wusch er sich überhaupt nie."

1950 schrieb René Prevot einen Zeitungsartikel über den damals fast und heute ganz Vergessenen, der nach wie vor als Kohlrabiapostel einen Gartenverschlag im Norden Münchens bewohnte – und bei Kälte im Lesesaal der Staatsbibliothek einen unsicht- aber stark riechbaren Cordon sanitaire um sich zog, und Prevot malte ein entsprechendes Bild von Gräser. Der antwortete so: „Was Sie da schreiben, heißt auf gut deutsch:

Der Gräser war verrückt und ist es noch immer. – Aber nun kommt die Summe, Herr Prevot. Über ein halbes Jahrhundert trage ich meinen Grünspecht im Kopf und schaue hinein in den rot, braun, schwarzen Wahnsinn und erlebe 50 Jahre lang, wie das, was man Menschen heißt, immer toller, verrückter und immer schwärzer wird, wie sie immer schneller zu ihren 'Suppenschüsseln' rasen, sich die Brocken vom Munde zu reißen, wie sich der Krampf ihrer Verrücktheit immer höher steigert, so dass ihnen ein paar Weltkriege schon nicht mehr genügen, ihre Verrücktheit auszutoben – während mein Grünspecht immer noch fidel über Wahnsinnswüsten in seine Wälder fliegt und damit mir selbst und meiner kilometerfressenden Umwelt den Beweis liefert, dass mein Vogel der gesündere ist." Immerhin wurde Gusto Gräser 79 Jahre alt.

Louise Kulmus heiratet Professor Gottsched am 19.4.1735

Die moderne Frau ist nicht voriges Jahr erfunden worden. Auch nicht vor hundert Jahren, als Suffragetten stockschirmschwingend durch die Straßen walkten. Denn schon im Rokoko-Jahre 1770 stöhnte der schwäbische Dichter Schubart: „Ganz Europa wimmelt derzeit von gelehrten Weibern. In Portugal ist der erste Dichterkopf – ein Weib; in Spanien haben Weiber eine gelehrte Gesellschaft errichtet; in Frankreich ist's Hochton unter den Damen, in den Versammlungen über Größenlehre, Metaphysik, Staatskunst, schöne Wissenschaften zu sprechen; in England sind Weiber im Besitze des Romanschreibens; in Rußland präsidiert eine Dame in der Akademie; und in Deutschland? - gibt's derzeit 50 Schriftstellerinnen. – Was soll das alles werden?"

Heut wissen wir's. Aber wie's einst dazu gekommen war, ist noch viel staunenswerter. Es gab da offenbar Frauen, die studierten, die publizierten und sich selbst mit wissenschaftlichen Leistungen publik machten. Eine von ihnen war das Fräulein Kulmus: Louise Adelgunde Victorie Kulmus, 1713 im sächsisch-polnisch-westpreussischen Danzig als Tochter eines Arztes und einer sehr belesenen Mutter geboren und, vielleicht gerade weil man so weitab an der Ostseeküste lebte, in allen gängigen Kenntnissen unterrichtet, die sie – ein wahres Wunderkind – nimmermüd in sich aufnahm. Sie erhielt Unterricht in Mathematik, Philosophie und Geographie, lernte von ihrem Halbbruder Englisch und von ihrer Mutter Klavier- und

Lautenspiel sowie Französisch und deutschen Stil und schrieb schon mit Vierzehn ausgezeichnete Gedichte und Briefe in einer Sprache, die sich von unsrer heutigen kaum unterscheidet: geschrieben wie gedacht – und klar gedacht! Während doch Schriftliches aus jener Zeit mit Schnörkel und Floskel und zopfigem Firlefanz sonst kaum auf Anhieb zu verstehen ist.

Dass sie, eben Vierzehn, den 27jährigen Professor Johann Christoph Gottsched kennenlernte, war kein Zufall: man hatte ihn, den gebürtigen Ostpreußen und jetzigen Professor für Rhetorik in Leipzig, auf das blitzgescheite Mädchen aufmerksam gemacht – ihm einige ihrer Oden und Verse gezeigt, die ihn begeisterten; er machte Besuch und verschoss sich in die hübsche Gelehrte. Ihre Eltern genehmigten den Briefwechsel und von da an korrespondierten sie: wissenschaftlich – und somit auch privat. Das mischte sich und bedingte einander: „Sie werden mich tadeln und dieser Tadel wird mich bessern", schrieb sie gleich anfangs, monierte freilich vier Jahre später in aller Deutlichkeit: „Nach meiner Denkungsart wünsche ich geliebt zu seyn, so wie ich bin, und nicht, wie ich seyn sollte." Gottsched hatte sie wohl doch allzu streng herangenommen (seine Briefe sind leider verloren), obwohl er einer der heftigsten Vorkämpfer für die Emanzipation und vor allem für die wissenschaftliche Bildung der Frauen war. Hier hatten sich in der Tat zwei gefunden, die einander ebenbürtig waren an Geist und Tatkraft – und die miteinander eine wahre Geistesfabrik eröffneten, Deutschlands zerfallene Sprech- und Schreibweise vereinheitlichten, das deutsche Theater vom Jahrmarktskrakeel auf literarische Beine stellten und Feuerwerke der Diskussion über Ästhetik, Literatur,

Naturwissenschaften und Frauenrechte quer durchs Land entfachten.

Vollzogen wurde dieses Bündnis Kulmus-Gottsched erst am 19. April 1735, eine Woche nach ihrem 22. Geburtstag und nachdem frühere Heiratstermine stets durch Todesfälle in ihrer Familie geplatzt waren: Da hieß es jedes Mal ein Trauerjahr einzuhalten. Nun saß sie in Leipzig, dem geistigen Zentrum Deutschlands, zu Seiten des damals bedeutendsten Kopfes, und sie half mit beim geistigen Umstürzen und neu Aufbauen: sie übersetzte Theaterstücke, schrieb selbst witzige Komödien, verfasste aberdutzend Aufsätze und hunderte Rezensionen für seine Zeitschriften, erledigte seine Korrespondenz, las Korrektur und ordnete seine riesige Bibliothek. Und bei seinen Vorlesungen, die oft in der eignen Wohnung stattfanden, saß sie lauschend hinter der nur angelehnten Tür.

„Unsere Beschäftigungen", schrieb sie ihrer Freundin, „sind so wie unsere Gedanken, immer gleichförmig. Wir lesen sehr viel; wir machen über jede schöne Stelle unsere Betrachtung; wir theilen oft zum Schein unsere Meynung, und bestreiten einen Satz, bloß um zu sehen, ob die Meynungen gegründet sind, die wir von unsern Schriften fassen."

Griechisch und Latein lernte sie auch noch. Kinder bekamen sie nicht. Das hätte quasi noch gefehlt. So starb sie also nicht am üblichen Kindbettfieber, aber dennoch jung, mit 49 Jahren, an schierer Überarbeitung. Vier Jahre vor Gottsched.

Marcello Mastroianni wird am 28.9.1924 geboren

Das Buchstaben-Doppel „MM" stand im deutschen Kino eine Zeitlang für die schnuckelig unbedarfte Marion Michael, die Urwald-Liane; beim griechischen Film dachte man dabei an Melina Merkoúri, im französischen an Michèle Morgan, und bei den Amerikanern war's dann schon Marilyn Monroe: lauter schöne, sexy Frauen.

Bei den Italienern hingegen stand „MM" für Marcello Mastroianni, einen Mann, aber was für einen! Schön, sexy, erotisch – ein Mann wie eine Frau, ein Frauen-Mann, homme à femme und so gar kein Macho mit rauher Bell-Stimme, harten Augen, muskelschwer. Nein, Mastroianni war weich und fließend, lasziv ermüdet und mit Samtaugen voll Staunen. Schalk statt Schurke, Élégant statt Kraftlackel, nie laut, nie brutal – und eigentlich stets mit Krawatte, und, so kommt einem in der Rückerinnerung vor, trug er nicht ständig diese leichten Sommeranzüge in hellem Beige oder gar Weiß? Mastroianni – kein deutscher Siegfried, kein amerikanischer Stuntman und auch kein südlicher Macho; ein – „Latin Lover" eben.

„Ahh! Damals, als ich *La dolce vita* drehte, haben die Amerikaner beschlossen, ich sei der 'Latin Lover'. Sie sind immer auf der Suche nach Etiketten. 'Latin Lover', und schon ist alles gesagt!"

Stimmt ja, besonders feurig trat er nie auf, so wenig im Kino wie im Leben. Er ließ immer alles auf sich zukommen, Frauen wie Filme. Und die einen wie die andren kamen ohn' Unterlass.

Und ohne dass er sonderlich viel ausgelassen hätte. Gut 150 Filme drehte er, drei pro Jahr, mit den größten Regisseuren, nicht nur Italiens. Und mit den schönsten Frauen, mit Romy Schneider, Brigitte Bardot und Sophia Loren, mit Jeanne Moreau, Anita Ekberg und mit Cathérine Deneuve, die dann seine Tochter Chiara zur Welt brachte. Mastroianni – ein Frauenheld?

„Ich mag keine Helden. Ich bin ja auch im Leben keiner. Auch Heilige mag ich nicht. Wie kann ein Mensch so außergewöhnlich sein? Und dieses lächerliche Etikett des ’Latin Lover‘! Man hat mit diesem Begriff bloß Schwierigkeiten: Wenn ich eine Frau kennenlerne oder ein Abenteuer habe, erwarten die sich von dem berühmten ’Latin Lover‘ wer weiß was für außergewöhnliche Leistungen. Aber ich war immer ein absolut normaler Mann, auch was meine Leistungen anbelangt.“

Sein Geheimnis, das offen zutage lag, war das In-sich-Ruhen, diese gewisse Trägheit, unterfüttert von freundlichem Abwarten, was wohl noch käme; etwas verträumt, ein schwermütiger Schwerenöter, von dem niemand – schon gar keine Frau – geschurigelt oder belehrt wird, weshalb sich jede ihm anvertraut, weil er die teddyknuddelige Ausstrahlung eines guten Bruders hat. Einen „bello-buono“ nennen die Italiener diesen Typ des gutmütig Attraktiven, der geduldig erträgt, was ihm zugemutet wird, und die Welt mit ihren Rätseln akzeptiert, wie sie halt ist.

So war er die ideale Folie für Federico Fellinis Obsessionen, wurde zu dessen „Alter Ego“, seinem andren Ich. Für *La dolce vita* hatte Fellini zunächst an Paul Newman gedacht, doch hatte ihm der „zu viel Persönlichkeit". Was er für den herumflatternden Societyreporter, der willenlos durch Roms Glitzerwelt von 1960 driftet, brauchte, war ein „Allerweltsgesicht", den „idealen Beobachter" eines skurrilen Welttreibens.

„Der Schauspieler auf der Leinwand", sagte Fellini, „sollte uns wie ein Freund durch eine fremde Stadt führen, wir kennen sie nicht, wir sehen sie nur mit seinen Augen."

Genau das strahlt Mastroianni ständig aus: der bekannte Fremde, eine schmerzlich traurige, weidwund heitere Randfigur mitten im Zentrum, ein Tschechow-Mann mit russisch lächelnder Melancholie.

„Er lässt sich schminken, ankleiden, kämmen", erzählte Fellini, „ohne irgendwelche Einwände zu erheben, er fragt lediglich nach den allernotwendigsten Dingen: mit ihm ist alles weich, gelassen, entspannt. Genau dieses Außenstehn, ja fast schon Abwesendsein, ermöglicht es ihm, alles aus sich herauszuholen, ohne Eitelkeit."

Und Mastroianni: „Ein Schauspieler ist eine leere Schachtel. Und diese Schachtel füllt der Schauspieler immer wieder mit Figuren; am Ende wird er zu einem Koffer voller Gesichter und Typen, und hin und wieder holt er etwas daraus hervor und benutzt es, um eine neue Figur zu spielen."

Dass er so unendlich viel drehte, lag daran, dass er unter Menschen sein musste, nicht am Fleiß. Denn eigentlich war er faul, las kaum seine Drehbücher. „Wenn man mit ihm essen geht", so erinnerte sich der Regisseur Massimo Troisi, „schläft er nach dem Espresso ein. Seine Ruhe ist phänomenal."

Die Schauspielerin Jeanne Moreau, geboren am 23.1.1928

Vielleicht ihre Augen? Oder doch eher der Mund? Diese großen, immer gedunkelten Augen, nächtlich umschattet von Trauer, hinter der die Neu-Gier auf dem Sprung ist, und der weiche Mund, dessen satte Oberlippe die untere umspannt, so dass die Winkel herabhängen, missvergnügt, überdrüssig und zweifelnd: alles gesehen, so viel erlebt, kann da noch mehr sein, da muss doch noch mehr sein – bloß was?

Jeanne Moreau ist kein Pin-up-Beauty wie ihre Generationsgenossin Brigitte Bardot, und als Louis Malle die beiden 1965 in *Viva Maria* zusammenspannte als Tingeltangelstripperinnen, war das ein Geniestreich; denn jede von ihnen verkörperte eine Spektrumshälfte erotischer Phantasien. Hochgeschürzt und umweglos die Bardot – blond, üppig und willig: lieber Gott, warum *nicht*? lachte das Fleisch. Kokett, aus Abgründen züngelnd die Moreau: *Warum* nicht, zum Teufel! schrie ihr Leib.

Sie kam genau zur richtigen Zeit in die französische Filmgeschichte, nämlich Ende der 50er Jahre, als die *Nouvelle Vague*, die Neue Welle, in düstrem Schwarz-Weiß die Kinos aller Welt überrollte, und Jeanne Moreau war darin die Meerjungfrau und das Ungeheuer der Abgründe, spülte mit ihrer sinnlichen Unbedingtheit das Süßholz von Heimatfilmen, Familienschnulzen und gutbürgerlichen Karriere-Streifen vom Strand und etablierte den neuen Realismus vom Leben enttäuschter, nach Leben gierender Hausfrauen. Zusammen mit den Regisseuren jener Tage, die rasch die „Großen" wurden: Truffaut, Louis Malle, Buñuel, Joseph Losey, Antonioni.

Immer war sie in der Avantgarde; nur das Weitergehen fesselte sie, die neuen Erfahrungen, das Lernen, das Leben in seinen Abgründen. So drehte sie schließlich auch mit den Deutschen Wim Wenders und Fassbinder.

Mit 21 bekam sie einen Sohn, dessen Vater sie dann heiratete. Danach lebte sie mit Louis Malle, mit Orson Welles und in späterer Zeit mit und neben Peter Handke; für den Regisseur William Friedkin verließ sie Paris, verkaufte die Wohnung und ihr Haus in der Provence, den Rolls Royce, die Möbel, ein paarhundert Schuhe, die Erinnerungsstücke einer 25jährigen Filmkarriere, bedingungslos alles, und folgte ihm nach Hollywood. Ins vollklimatisierte Beverly Hills. „Es war die Hölle", sagte sie später. „Er hat mir den Lebensnerv abgeschnitten. Stellen Sie sich mal vor: Ich hinter dem Herd!" – Nach zwei Jahren lässt er sie für eine Jüngere sausen, doch zuhause kam sie nicht mehr an, wird zur abgehalfterten Diva. Der Star aus den wichtigsten Filmen – aus *Fahrstuhl zum Schafott*, *Jules und Jim*, *La Notte*, *Tagebuch einer Kammerzofe*, Kafkas *Prozess*, *Die Braut trug schwarz* – diese „Bardot für Intellektuelle" war in den Abgrund gefallen.

Dreizehn Kilo legte sie in sieben dunklen Jahren zu, bis der deutsche, in Paris lebende Theaterregisseur Klaus Michael Grüber für sie Hermann Brochs *Erzählung der Magd Zerline* zum Monolog umschrieb und sie zwang, den 90-Minuten-Text einzustudieren. In zwölf Probenwochen fällt der ganze Unrat von Verzweiflung ab von ihr, der nun Sechzigjährigen: „Die Jahre", sagte sie den Journalisten, „in denen die Moreau gesoffen hat wie ein Loch und dabei fett wurde wie eine Sau, sind vergessen."

Sie zieht mit diesem Monolog durch die Welt, durch Deutschland, USA, Japan – und feiert Triumphe. Stehende Ovationen für die Wieder-Erstandene. Sie, die wahrlich durch alle Tiefen und Höhen ging, kann auch die Gipfel der Lebenslust und die Abgründe der Verzweiflung glaubhaft machen: diese Frau von unten, diese Dame ganz oben ist ungeschminktes Leben. Eine Erfahrene. Französisch wie die Piaf.

Sie wurde in der Nähe des Pariser Rotlichtplatzes „Pigalle" am 23. Januar 1928 geboren, Kind einer englischen Revuetänzerin und eines Kneipenwirts, der bankrott machte, wonach sie in Stundenhotels logiert, in Armut und Gestank, verfolgt vom Abscheu des Vaters, der unbedingt einen Sohn wollte und zwei Töchter bekam.

„Mir wurde zuhause alles verboten: Ausgehen, Musik, Filme, Theater. So begann ich, meine Eltern zu belügen und ein Doppelleben zu führen." Vor allem begann sie zu lesen, bis heute ihr Hobby. Sie lief davon und zum Theater, wurde jüngstes Mitglied in der Geschichte der Comédie Française und kündigte bald wieder, um zum progressiveren „Théâtre National Populaire" überzulaufen. Sie wurde sofort ein Bühnenstar, dann aber kam der Film, die Liebe, die Debattierclubs, die Männer: dieses ganze wilde Leben mit seinen Strudeln.

„Ich wollte immer das Absolute", sagt sie. „Du musst durch den Winter gehen, damit der Frühling kommen kann." Und: „Ich habe nicht vor, mir das Abenteuer, das ich la vie nenne, vom Alter verderben zu lassen." „Ich will, dass mein Leben ein Erfolg ist, nicht meine Karriere." „Wenn ich sterbe, will ich wach sein. Dasein, erfühlen, wie es ist hinüberzugleiten. Hinüber ins Nichts."

Am 31.7.1987 stirbt Pola Negri

Barbara Appolonia Chalupek – also, das klingt doch in jeder Silbe nach einer gut katholischen Zugehfrau in Wien-Ottakring. Allenfalls nach einer, die ihre Männer still mit Rattengift in eine bessre Welt expediert – womit wir dem Wesen unsrer Appolonia Chalupek schon einiges näher kämen. Die in Wahrheit freilich eine Schauspielerin war, Tänzerin, Bewegungs- und Erregungskünstlerin, Schlange, Katze, Bergpuma, ein Weltstar, männermordend mit ihrem Blick aus kohlschwarzen Augen. Deshalb hieß sie auch nicht lange Chalupek, sondern Negri – Pola Negri. Das hatte Klang, streifte ein wenig die polnische Herkunft, die slawisch-sinnliche Seele somit, und beschwor Glut und pechschwarze Sünde: Pola Negri! Vier verschiedne Vokale; breit wie ein Samtsofa der Vorname, dann kleinmädchen-kitzlich: „Negri". Ein wunderbares Pseudonym für eine Frau, die als „Vamp" und leibhafte Sündenschlange die Leinwand eroberte. Dass sie den Namen in Verehrung für die italienisch-sozialistische Lyrikerin Ada Negri gewählt hatte, spielt dabei kaum eine Rolle.

Sie spielte mit Männern Haschmich und spielte Versteck mit ihrer Biographie, so dass man in Archiven Gedenkaufsätze zu ihrem 100. Geburtstag in dreijährigem Abstand findet, denn mal will sie am 3. Januar 1897, mal an Silvester 1894 geboren sein, jedenfalls nahe Polens Hauptstadt Warschau. Ihren Vater, einen ungarischen Spengler und Zigeunergeiger, erklärte sie gern zu einem Kunstschmied, und ihre Mutter, eine polnische Ladnerin, wurde von ihr in den Adelsstand entrückt. Das alles mit so viel schlangenhafter Hoheit im verschleierten Blick und solch kätzchenhafter Körper-Geschmeidigkeit, dass ihr jeder glauben wollte, um nur nicht ihren Zorn zu kitzeln. Immer versprachen die Schwarzaugen wilde Laster, das bleiche Gesicht mit den blutroten Lippen Sünde und das Fließen der Glieder verruchte Wollust.

1916 kam sie, von Max Reinhardt bei einer Märchen-Pantomime im besetzten Polen entdeckt, nach Deutschland, und dass sie hier kein Wort sprechen konnte, musste im Stummfilm nicht weiter stören. Hatten ihre polnischen Filme so aussagestarke Titel wie *Sklaven der Sinne; Studentenliebe; Die Frau; Liebe und Leidenschaft* gehabt, so hießen ihre ersten Filme in Deutschland *Zügelloses Blut; Rosen, die der Sturm entblättert; Carmen; Die Bergkatze* und *Die Augen der Mumie Ma*. Bei dem hatte ein noch unbekannter Filmneuling Regie geführt, der rasch einer der Größten werden sollte: Ernst Lubitsch. Gleich nach dem Krieg, 1919, drehte er *Madame Dubarry*, Titelrolle Pola Negri. Uraufgeführt wurde er anlässlich der Eröffnung von Berlins größtem Kino: des Ufa-Palasts am Zoo. Der Erfolg war ungeheuer und schlug auf Amerika derart durch, dass sofort ein Run auf den Erwerb deutscher Filme einsetzte, von denen man sich nun hohe Gewinne versprach. Die Shareholder verloren viel Geld, schon weil jene deutschen Zugpferde selbst auswanderten nach Hollywood: Lubitsch und Pola Negri werden als erste schon 1922 von der Paramount verpflichtet – und sie wird sofort ein „Star" in Hollywood, samt Phantasiegagen und allen dazu nötigen Skandalen. Berühmt wurde ihre publicityträchtige Affäre mit

Chaplin, berüchtigt ihre Liaison mit dem Traum aller Frauen und vieler Männer, Rudolph Valentino. Als er, viel zu jung, starb, warf sich Pola schluchzend in die Grube, was ihr dann doch übel genommen wurde: schließlich gehörte Rudolfo allen! Sie nahm dann einen georgischen Prinzen – der keiner war, im Gegensatz zu ihrem echten polnischen Grafen, mit dem sie auch verheiratet war. Millionäre kreuzten ihr Etablissement, auch eine Millionärin. Die Negri war das schwarze Gegenstück zur Garbo.

Doch als der Tonfilm siegte, ging's mit ihrem miserablen Englisch nicht mehr. Sie arbeitet in Frankreich und England und kehrt 1935 nach Deutschland zurück, wo Goebbels, der die Schenkel der ungarischen Marika Rökk befummelt, es mit der Tschechin Lida Baarowa treibt und die ihm unheimliche Negri als „polnische Jüdin" schmäht, per Führererlass aber darüber informiert wird, sie sei „Polin, also Arierin". Hitler ist begeistert von der schwarzen Glut. Pola Negri filmt, nun *Madame Bovary; Tango Notturno; Nacht der Entscheidung* und *Mazurka*.

Als der Krieg begann, beim Einmarsch nach Polen, ging Pola Negri für immer nach Amerika. Und als sie am 31. Juli 1987, vermutlich neunzigjährig, starb, ließ sie sich in New York, nahe dem Grab Rudolph Valentinos, begraben.

Uraufführung von *Jenseits von Eden* am 9.4.1955

Er ist der ungeliebte von zwei Söhnen, ein ungebärdiges, ein wildes Fohlen, der schlabbrige Schlaks, der's niemandem recht macht, bockig und in sich verkrochen, zugleich explosiv wie die Pflanze Rühr-mich-nicht-an. Stets unter Druck, treibt er sich herum, ein Ungewaschner in schlunzigen Jeans und mit Strubbelhaar – was soll aus dem bloß werden? Der Vater mag ihn nicht. Mit so einem kommt er nicht klar. Er ist ein strenger Mann, der sein Farmhaus und sein Stück Land regiert: „hart aber gerecht" sagt man gern, wenn die Gerechtigkeit bloße Härte ist; „aufrecht" nennt man solch einen starren Charakter, der jeden Widerspruchsgeist verbiegt.

Der puritanische Vater liebt seinen Mustersohn Aron und missachtet den Rumhänger Cal, der, je ärger er die Ablehnung zu spüren kriegt, nur desto liebessüchtiger und also unleidlicher wird. Aron und der Vater investieren in ein Farmprojekt: auf Eisblöcken gekühlten Salat zu verschicken. Das Experiment scheitert, der Salat wird Matsch; Eis, Geld und Hoffnung schmelzen im harten Sonnenlicht Kaliforniens. Cal aber hat heimlich ein paar Tausend Dollar geliehen und Bohnen gesät; die Saat geht auf, und weil Amerika soeben in den 1. Weltkrieg eintritt, schnellt der Bohnenpreis in die Höhe: Cal macht Profit und überreicht stolz und glücklich seinem Vater zum Geburtstag die verlorene Summe. Der weist entrüstet das Geschenk zurück, als Schmutzgeschäft mit dem Hunger von Soldaten! Wie sehr freut ihn dagegen, dass

Sohn Aron seine Verlobung mit Abra bekannt gibt! Hatte sich da nicht auch zwischen Abra und Cal etwas angesponnen?

„Und Kain erhob sich gegen seinen Bruder Abel und schlug ihn tot". Und der Herr verfluchte ihn; „also ging Kain von dem Angesicht des Herrn und wohnte im Lande Nod, jenseits von Eden". So heißt's in der Bibel, die für diese Geschichte von Eifersucht, Brudermord und Flucht nicht mehr als zwanzig Zeilen braucht, wogegen John Steinbecks *Jenseits von Eden* eine 750-Seiten-Schwarte ist, eine amerikanische Familiensaga, die zwei Generationen umspannt: von den Pioniertagen bis zum Ende des 1. Weltkriegs, harte Zeiten in Hitze und Trockenheit, wo aus kurzer Liebe lange Ehen werden, wo Gott die richtende Instanz ist und die Eltern an Jehovas Stelle stehen. Für die Liebe gibt's Bordelle, für die Beichte Kirchen, für die Strafe den Vater.

Ein Zehntel nur des Romans, die letzten paar Jahre, wählte Elia Kazan als Stoff seines Films, nur diesen Konflikt zwischen Puritaner und Rebell, zwischen altem Fels und jungem Treibsand, und er fand einen Hauptdarsteller, der bis dahin gelegentlich beim Fernsehen und am Broadway in New York gespielt hatte: James Dean, einen Nuschler, oft unterhalb der Hörgrenze, der Arme und Knie wie eine ausgekugelte Marionette schlenzte, mitten im Satz sich abwandte und ständig an den andren jungen Wilden, an Marlon Brando, erinnerte, mit dem Kazan kurz zuvor *Die Faust im Nacken* gedreht hatte. Nun kam Kazan von Hollywood zum Broadway, um sich das neue Wunderkind anzusehen; denn eigentlich sollte Paul Newman den Cal spielen, der aber mit 29 schon etwas alt war: James Dean war 23. „Ich nahm Jimmy, weil er Cal *war*. Er hatte was gegen alle Väter. Er war rachsüchtig und einsam und fühlte sich verfolgt; und er war misstrauisch", erklärte Kazan. Dean war wie er: „Als ich jung war, war ich voller Zorn. Ich sah aus wie ein junger Wolf, und ich sah keinem Menschen ins Gesicht." Und Dean spielte mit völlig neuen Methoden: er erlebte die Figur und zeigte deren nackte Seele. Deshalb wohnte er während der Proben mit dem gehassten Filmbruder in einem Apartment, so eng, dass die Abneigung wachsen musste, und um die intensive Nervosität vorm ersten Kuss zu treffen, war er absichtlich den ganzen Tag nicht aufs Klo gegangen: der Blasendruck erzeugte dann die Gespanntheit. „Die Augen eines verwundeten Tiers, die unschuldige Grazie eines gefangenen Panthers" sah ein Kritiker, und wer je den Film gesehen hat, wird sich der Szene erinnern, wie James Dean auf dem cinemascope-breiten Acker durch die Furchen fliegt, in Kinderglück die jungen Pflänzchen streichelt und, auf der umbrochnen Erde liegend, ihnen beim Heranwachsen zusehen will. Der Tunichtgut als Nährvater neuen Lebens.

Die Gala-Première am 9. April 1955 im Astor Cinema am New Yorker Times Square führte zu einem irrwitzigen Menschenauflauf. Allerdings mag das auch an den Platzanweiserinnen gelegen haben, zu denen etwa Marilyn Monroe und Marlene Dietrich gehörten. Nur James Dean fehlte: „Tut mir leid, so was kann ich nicht mitmachen", sagte er, „ich halt das nicht durch", flog zurück nach Hollywood und bretterte den Boulevard rauf und runter. Zwei Filme und vier Monate später krachte er mit seinem Porsche auf dem Highway 46 unter ein größeres Auto.

Hitchcocks *Psycho* wird am 16.3.1960 in New York uraufgeführt

Niemand liegt gern in der Intensivstation, allein schon deshalb, weil wir aus deutschen Fernsehkrimis wissen, wohin das führt: Wann immer da ein halbwegs aus dem Weg geräumtes Opfer schlauchverkabelt vor fiependen Geräten schnauft, ist es üblich, dass als Ärzte verkleidete Schurken die Nachtschwester chloroformieren und den Wächter zum Kaffeeautomaten locken, wonach sie den Sauerstoffschlauch abzwicken. Es gibt in Krimis gemeinhin keine Krankenstation, die man geheilt statt gemordet verlässt. Ganz ähnlich verhält es sich mit Badewannen: sehr bedenklich! Denn sobald eine – üblicherweise nackte – Dame unter den Schaum geglitten ist und nach dem hier – ebenfalls üblichen – Glas Schampus fingert, prüft auch schon der Mörder hinterm Paravent die Qualität der Kordel. Weshalb man in einem Krimi von Vollbädern dringend abraten muss.

Seit dem 16. März 1960 aber wollte auch kaum noch jemand eine Dusche nehmen. Und das in Amerika, wo man gewöhnt ist, ganze Morgenandachten unter Brausestrahlen hinzubringen! An jenem 16. März jedoch zerfetzte ein blinkendes Schlachtmesser den Duschvorhang eines Motels, stieß wieder und wieder durch das farblos matte Plastik hinein in den Körper einer nackten Blondine, die aufschrie, pfeifend, kreischend, sich in den Vorhang krallte, an den Kacheln hinabglitschte, eine Blut-Schmierspur verschleifend, und nun riss der Vorhang aus den Ösen: dahinter der dunkle Schatten des Mörders, der helle Frauenleib, das schwärzlich durchs Abflussloch gurgelnde Blutwasser, die immer weiter sprühende Dusche – es war der Höhepunkt an Entsetzen in diesem Schwarzweiß-Film von Alfred Hitchcock, der die bizarre Geschichte eines Schizophrenen erzählt, der mal freundlich verhuscht, mal gruslig getrieben war: Anthony Perkins spielte das verquälte Muttersöhnchen, den einsamen Psychopathen schauderhaft brav.

Der zweite Schock in *Psycho*, wie der Film heißt, war die ausgestopfte Mammi-Mumie im Schaukelstuhl, der dritte Perkins als meuchelnde Mutti vermummt, der vierte das grässliche Mordhaus, einsam schwarz auf einer Anhöhe und drunten die jämmerliche Motel-Baracke. Doch am entsetzlichsten blieb die Dusch-Szene eingebrannt.

„Wir haben sieben Tage gebraucht, sie zu drehen, und wir hatten für die 45 Sekunden Film siebzig Kamerapositionen", erzählte Hitchcock. Doch von diesem über alle Maßen aufwendig erklügelten und geschnittenen Duschmord, dieser monumentalen Miniszene einmal abgesehen, wurde *Psycho* ziemlich rasch und kostengünstig gedreht: „Er hat nur 800 000 Dollar gekostet", freute sich Hitchcock, „und bis jetzt – nach sechs Jahren – dreizehn Millionen Dollar eingespielt". Und der Duschvorhang kostete dabei bloß 28 Dollar acht Cent, das Messer 7 Dollar 95 Cent.

Der fertige Film hat damals nicht nur gewaltige Ängste beim Duschen ausgelöst, sondern auch etliche Debatten über die Grenzen des Erlaubten – im Film. Die Wirklichkeit des mörderischen Vorbilds war freilich entschieden grässlicher: man fand im Haus des realen Mörders Herzen in der Kaffeekanne, zehn Schrumpfköpfe im Eisschrank – und im Schlafzimmer die aufgebahrte Mumie der vor zwölf Jahren verstorbenen Mutter. Vom übrigen wollen wir lieber schweigen, wie jene Lämmer. Hannibal Lecter hätte jedenfalls neidvoll seine Zähne gefletscht.

Das Mordhaus am Rand eines Dorfs in Wisconsin wollte ein Unternehmer ersteigern, um ein Gruselkabinett für Touristen einzurichten. 24 Stunden vor der Auktion brannten die Einwohner es nieder, und die Feuerwehr gab der Mordvilla den Rest.

Aber das Haus in Hitchcocks *Psycho* steht noch immer drohend vorm Nachthimmel. Und die Dusche sprüht aus allen Düsen und das Messer ritscht durch pfeifendes Plastik.

Am 13.6.1231 starb der Heilige Antonius von Padua

Der heilige Antonius von Padua hieß eigentlich Fernando Bullone und war aus Lissabon. Aber heilig ist er wirklich; das war freilich im Mittelalter nicht gar so schwer: wenn man da ein paar Leute von den Toten erweckte, war man schon so gut wie dabei. Und unser Anton hat auch das gekonnt. Außerdem hat er, wie es mal beim Predigen im Freien auf seine Zuhörer arg geregnet hat, so dass die schon am Davonlaufen waren, dafür gesorgt, dass der Regen genau um seine Gemeinde herum zu Boden ging, weshalb es nur die durchweicht hätte, die weggerannt wären. So dass jeder, der nicht blöd war, da blieb und zuhörte. Am Schönsten aber ist, wie er einmal in Toulouse einen Ketzer vom Ketzern abgebracht hat. Der hat nämlich keck zum Heiligen Antonius gesagt – also, da war der natürlich noch gar nicht heilig, sondern bloß der Anton, hat gesagt, er würde jetzt seinem Esel drei Tag lang nichts zu fressen geben, danach ihm aber Heu vorschütten, der Antonius dagegen könne dem Esel die Hostie hinhalten. Dann werde man schon sehen, wonach das Tier verlange. Und wie ging's aus? Der ausgehungerte Esel verschmähte das Heu und verlangte nach der Hostie. So ward auch dieser Ketzer bekehrt. Was noch hat unser Antonius so gemacht? Das abgehackte Bein eines reuigen Mutterschänders hat er wieder hinwachsen lassen, eine im Sumpf Ertrunkene war dann auch wieder frisch, und eine von ihrem eifersüchtigen Mann ermordete Frau lebte durch Anton wieder auf wie neu. Ob sie danach treu geworden ist oder ob sie der Ehemann nochmal umgebracht hat, wird nicht überliefert.

Eigentlich wollte Fernando Bullone, bevor er zum Antonius wurde, ein ganz gescheiter Augustiner werden; wie aber dann in Marokko die bekehrungsunwilligen Mauren fünf Franziskaner-Missionare umbrachten, trat er – jetzt erst recht – diesem Bettelorden bei, um auch ein Mohren-Märtyrer zu werden. Statt dessen ist er sterbenskrank an die sizilische Küste und weiter bis in die Romagna verschlagen worden. Und damit sind wir schon nahe bei Padua.

Demütig, still und bescheiden hat er dort in einem Bergkloster Dienste geleistet und über den Schriften gegrübelt; derart still und derart bescheiden, dass ihn seine Mitbrüder schon für schwachsinnig hielten. Bis er eines Tags für einen Prediger einspringen musste und aus dem Stegreif eine derart fulminante Rede hielt, dass sich am liebsten alle gleich noch einmal bekehrt hätten. Seitdem war Antonius der Meister der Rede, und alles Volk strömte nur so. Wie es aber eines Tags, in Rimini, mal verstockt blieb, das Volk, da wandte sich Antonius an die Fische, und die kamen in solcher Menge und gruppierten sich „in Sanftmut und Ordnung", wie's in der Legende heißt, „und alle steckten den Kopf aus dem Wasser heraus und schauten voll Aufmerksamkeit" zum Antonius – und was dann passierte, teilt uns Christian Morgenstern in seinem Gedicht *Der Hecht* mit:

Ein Hecht, vom heiligen Antón
bekehrt, beschloss, samt Frau und Sohn,
am vegetarischen Gedanken
moralisch sich emporzuranken.

110

Er aß seit jenem nur noch dies:
Seegras, Seerose und Seegrieß.
Doch Grieß, Gras, Rose floss, o Graus,
entsetzlich wieder hinten aus.
Der ganze Teich ward angesteckt.
Fünfhundert Fische sind verreckt.
Doch Sankt Anton, gerufen eilig,
sprach nichts als „Heilig! heilig! heilig!"

Vom Fischen im Trüben mal abgesehen, wütete die Gewalt seiner Predigten derart unter Ungläubigen und Abgefallenen – speziell der Katharer-Sekte, dass er den Beinamen „Ketzerhammer" erhielt, und er reiste herum durch Italien und Frankreich, wurde obendrein noch Provinzialoberer der Romagna und, wie es heißt, „er verzehrte sich fast in der Glut seiner Predigten". So dass er dann mit 36 schon, am 13. Juni 1231, im Klarissenkloster zu Padua starb.
„Der Heilige ist tot", riefen die Kinder in den Gassen, denn er galt schon zu Lebzeiten als heilig und ist bis heute, neben dem blutigen Pater Pio, der Beliebteste von allen in Italien geblieben: *Il Santo* – damit kann nur Antonius gemeint sein, der arme Bruder, den man immer dann anruft, wenn man was verloren hat. Nicht nur Schlüssel und Kopftücher, auch das Herz darf es sein. Denn er ist auch der Patron der Liebenden; und der Frauen noch extra. Und der Haustiere. Außerdem, man wundert sich, der Erdbeerenverkäufer von Rom! In Bayern heißt er, weil man ihn fürs Wiederfinden braucht, der „Schlamperltoni".

Hugh Hefner gründet 1953 den *Playboy*

Nichts, so gut wie nichts weiß, wer heute jung ist, von des bleichen Busens atemverschlagender Wirkung: wenn er, züchtig bedeckt, langsam die Hüllen verliert, sich enthüllt dem neugierig schüchternen Blick.

Heute hängt allüberall Weiberfleisch griffig im Fenster von Kiosk und Kino, längst zu burschikosen „Möpsen" vertiert, und im Wald der abertausend Brüste ist der Baum der Erotik kaum noch zu finden. Man knallt uns zu mit Fleischesteilen, mit nackten Filets und Zwischenrippenstücken in Hochglanz – bleibt die Frage, wie's dazu kam, dass einstmals „die Scham" und „Schamteile" Genanntes öffentlich ausgebreitet werden konnte, dass Blankgezogenes breitgewalzt und gesellschafts-fähig wurde.

Ein halbes Jahrhundert ist es her, dass uns Augen und Blusen geöffnet wurden. Damals stritt man sich noch am Nieren-tisch, ob der Herr den Mantel der Dame zu tragen habe und ob sie beim Cocktail ihre Beine übereinanderschlagen dürfe, während in Ostberlin Panzer gegen das Volk rollten und der Deutsche Bundestag sich auch in diesem Jahr wieder um ein Gesetz zur Gleichberechtigung der Frauen drückte: 1953 – in Moskau stirbt Stalin, und in Chicago bastelt ein arbeitsloser Journalist an halbnackten Mädels herum; es ist der 27jährige Hugh Hefner, der immer noch stottert, wenn er ein Girl an-reden soll.

„Heute", so schrieb er mit 18 an seine methodistischen Eltern, „heute hab ich zum ersten Mal Wein getrunken, aber seid unbesorgt: es war bei der Kommunion in einer Episkopal-kirche." Sinnliche Exzesse der 50er Jahre, kurz bevor Elvis Presley zu singen und die Hüften zu schwingen anfing.

Die wahren Lüste gedeihen, wie jeder weiß, in der Trieb-unterdrückung. Je verklemmter, desto enthemmter.

Hefner war aufgefallen, dass die Frauen seiner Zeit ihre Brüste *unter* Hemden und Pullovern trugen, selbst auf Titelblättern, dass sie diese also offenbar nur nächsten Freunden und Ehe-männern zeigten, obwohl kaum jemand an Hemd und Pulli näher interessiert war, hingegen durchaus alle an dem darunter Liegenden oder irgendwie Befindlichen.

Diese Beobachtung führte unseren Helden zur entscheidenden Tat: Er bastelte einen neuen Typ Zeitschrift, den man rasch „Herrenmagazin" nannte, worin eben diese Herren hoch-glänzende Brüste gewissermaßen satt zu sehen bekamen, amerikanisch prall genährte Mammen, Ballonbusen für den Kindmann – die ganze Sexualität eine runde Sache.

Pornoheftl gab's natürlich seit je; Hefner aber schwebten die Nackten *auf* dem Ladentisch vor, öffentliche, gesellschafts-fähige Nippelgirlanden.

Außerdem hatte er von seinem Startkapital in Höhe von 600 Dollar 500 für ein Aktfoto der soeben bekannt werdenden Marilyn Monroe angelegt, das er nun exklusiv und groß in die Mitte seiner ersten Nummer einheftete. Sie erschien am 1. Dezember 1953 unter dem Titel *Playboy* und krempelte die Landschaft um.

Im Land des Puritanismus kam es mit der Schwemme von Hochglanznackedeis, deren „Scham" stets im Dunkeln blieb, tatsächlich zur sexuellen Revolution. Die Gesamtauflage stieg in Playboys besten Zeiten auf sieben Millionen Hefte, mit der immer gleichen Mischung aus Interview, Society-Reports, Witzecke, Literatur und vier „Nackt-Strecken". Und mit dem Centerfold, der zentralen Ausklappnackten, bei der jedes Haar, jedes Pigmentmal geschminkt, geölt, geglättet und gebürstelt wird.

„Millionen junger Amerikaner wachsen in dem irrigen Glauben auf, Frauen besäßen in der Nähe ihres Nabels eine Heftklammer", witzelte man bei uns; aber da kamen auch schon die Konkurrenten aufs Schlachtfeld der Leiber: *Lui* und *Penthouse* und ärgere noch, und sie zeigten, was es sonst noch gab in der Nähe des Nabels. Und allmählich wurde es schweinisch, und den Rest besorgten dann die Fernsehkanäle. Der American Boy Hugh Hefner aber, der in seinen Hoch-Zeiten ein Imperium von Playboy-Clubs, Hotels und Versicherungen, Reise- und Bücherclubs besessen hatte – er sank abermals herab zum altmodischen Puritaner, und sein Reich zerbröckelte.

Wie bei uns zur gleichen Zeit der *Wienerwald*, der kurz nach der *Playboy*-Gründung mit nackten Hühnern groß geworden war.

Graf Platen erhält am 11.10.1819
einen vernichtenden Brief

Wer hätte nicht schon mal, liebeswund stammelnd, eine böse
Abfuhr erhalten: „Zisch ab, du Blödmann! Du Weichei, verpiss
dich!" – wer wüsste nicht, wie das brennt, wenn Liebesflammen
kalt begossen werden: „Sülz mich nich an, du"?
Heut läuft so was meist über SMS oder Mail: „Love you",
sendet der eine, „Fuck off" die andre. Und dann sucht man
eben nach neuen Partnern.
Einst aber schrieb man noch Briefe, nachdem man wochenlang das Ziel der Wünsche umschwärmt hatte; dann endlich
ein erstes schriftliches Signal: „Verehrtes Fräulein, darf ich mir
erlauben ..." Und wenn er die Erlaubnis dazu erhielt, kamen
irgendwann später die Kinder und die Silberhochzeit.
Der Graf Platen dachte – vor fast 200 Jahren – kaum an Kinder
oder Hochzeit, aber verliebt war er gleichwohl. Er schmachtete,
er sehnte sich, er strömte Verse aufs Papier – denn er reifte
gerade auch zum Dichter – und er schrieb Tagebuch, vorsichts-
halber in portugiesisch, dann auf englisch, manchmal, im
Ungestüm der Qualen, deutsch: „Ich stehe in einem Alter",
notierte er mit 22, „das Liebe fordert. Warm und innig möchte
ich mich an ein andres Wesen anschließen ... Aber was mich
zittern machen sollte, ist, dass meine Neigungen bei weitem
mehr nach meinem eignen Geschlechte gerichtet sind, als nach
dem weiblichen. Kann ich ändern, was nicht mein Werk ist?"
Freilich war die Zeit von Klassik und Romantik eine Hoch-
blüte verschwärmter Freundschaften unter Männern hier,

unter Frauen dort; man lag einander in den Armen und weinte gemeinsame Tränen. Dem gehörte nach Schiller die Welt, der einen Freund am Busen hält, und der allerdings hierin etwas absonderliche Kleist bestürmte seinen „lieben guten Jungen" Ernst von Pfuel: „Laß uns der süßen Freundschaft genießen. Ich heirate niemals, sei Du die Frau mir, die Kinder, und die Enkel!"

Platen war ein zarter Grafenspross aus verarmtem Ansbacher Adel. Kein Stürmer eben, doch ein Dränger, ein Poet, der Verse wie Honigseim verströmte oder sie drechselte und klöppelte nach komplizierten Reimgesetzen, und von dem wir noch das Gedicht vom *Grab am Busento* lernen mussten, in dessen Ufern der Gotenkönig Alarich hoch zu Ross bestattet ward, und das uns nur wegen jenes seltsam lüsternen „Busento" gefiel, der den Grafen kaum zu reizen vermochte.

Der quälte sich mit seinem unerlaubten Trieb, notierte „Ohne Sinnlichkeit kann keine Liebe sein" und verknallte sich, beim Studium in Würzburg, in Herrn Schmidtlein, Studiosus ebendort. Er umschnürt, umschwänzelt, umgurrt den armen Gesellen, der nichts Dunkles ahnt, jubelt, als er eines Tages, endlich, dessen Vornamen erfährt: „Eduard heißt er! Eduard!", feiert einen Sieg, als sie einander endlich das Duzen gestatten, liest ihm Gedichte vor, liegt im Gras zu seinen Füßen – Schmidtlein genießt verwundert die Umgarnung; Platen zittert in erregtem Glück „Ah, er versprach, mich zuhaus zu besuchen! Wie viele Male schaute ich aus dem Fenster!" – dann überreicht er gar dem peinlich Berührten einen Strauß Maiglöckchen – auf offner Straße! und noch immer merkt Schmidtlein nichts. Obwohl sie nun gemeinsam Dramen voll

Männerfreundschaft lesen, wonach Platen fiebrig notiert: „Sein Kopf ruhte an meiner Brust, und unsere Brauen berührten sich häufig. Wir sind jung und lieben uns glühend."

Ach, Herr Graf! Als es nicht vorangeht, wird er drängend und direkt, bestürmt den armen Schmidtlein mit Liebesgluten, mit brausenden Gedichten und einem endlich überdeutlichen Brief. Nun reicht es dem jungen Mann und er antwortet am 11. Oktober 1819 dem eine Woche später 25jährigen Platen, er habe den „schändlichen Brief gelesen" und müsse den Herrn Graf „wegen seiner abscheulichen Gelüste verachten". „Ich werde es mir zur Ehre schätzen, wenn Sie mich ganz vergessen. Wagen Sie es niemehr, mir auch nur eine Zeile zu schreiben; ich werde Sie von nun an als ein pestartiges Übel meiden."

August Graf von Platen-Hallermünde zog dann – über den Busento – nach Sizilien, wo er mit gerade 39 Jahren starb.

Am 20.11.1913 erlässt Kaiser Wilhelm II.
ein Tango-Verbot

Noch nie haben „die da droben" es gemocht, dass „die da drunten" anders als nach ihrer Pfeife tanzten, und die Pfeife Kaiser Wilhelms II., des Herrn mit dem zackigen Schnurrbart und der picklichen Haube, erklang so:

„Dám-dada-dáaa" – „Preußens Gloria"

Links, zwo, drei, vier – so ging das. Täglich spielten Berliner Militärkapellen von Nachmittag bis Mitternacht Märsche, passenderweise im Zoologischen Garten, und wem immer es in den Beinen zuckte, der hatte zu marschieren, mit klingendem Spiel für Preußens Gloria: Die Arme ruckzuck an den Hüften vorbei, die Beine hochgeschmissen und aufs Pflaster geknallt, dass Säbel und Helmbuschen klirrten: mit Kaiser und Gott gegen eine Welt von Feinden, die es zu dreschen und zügig zu erobern galt.

Doch statt dass eine Welt durch Deutschland erobert worden wäre, wurden die Deutschen mehr und mehr von einer fremdländischen Tanzmusik eingenommen, die sich mit ihren schleifend ziehenden Klängen wehmütig und lasziv zugleich, schmelzend und fordernd, aus den Vorstadt-Destillen und dem Künstlermilljöh ins Zentrum schlängelte und deren Rhythmus nicht mehr allein in den Beinen zuckte.

Ausländisches Zeug, aus den Armenvierteln und Zuhälterkneipen von Buenos Aires, nun in den Kristallsälen von Berlin-Mitte! Unter den Linden und im Friedrichstadtpalast summte man nun statt des plumpen „Links, zwo, links, zwo"

118

schmeichelnd „Wie-ge-schritt" und war sich nicht mehr ganz
sicher, was der liebe Hans mit dem Knie beim Tanz so alles
machte, jedenfalls verschwand es immer wieder zwischen den
Beinen seiner Tänzerin, und die bog sich und drängte sich an
ihn und warf den Oberkörper ruckweis zurück in Konvulsion;
es sah obszön aus – es *war* obszön. Mit Georg Kreisler zu
sprechen: „Wie diese Engeln sich nur schlängeln und schmiegen
Bein an Bein, ein jeder Schritt muss bei dem Rhythmus ein
Vergnügen sein." Das sagte Kreisler über zwei alte Tanten –
doch was erst, wenn's ein Herr und eine Dame miteinander
taten?

„Bei uns", sagte eine aus der Wiener Upper Class, als sie erstmals einen Tangotanz sah, „bei uns macht man so etwas im
Bett".

Von „flammenden Symphonien" im Tangoschritt mochte die
Obrigkeit nur ungern Näheres hören. Immer gab es nichts
wie Ärger mit dem lüsternen Volk, das lieber sich zu Paaren
als Feinde in die Wüste trieb. Schon 1895 hatte eine Pariser
Polizeiverfügung dafür gesorgt, dass in jedem Tanzlokal ein
Sergeant saß, um das Ärgste beim Cancan zu verhüten, und
1910 verordnete die Münchner Polizei, die Trennwände der
Boxen in Tanzsälen auf 1 Meter 40 Höhe zu reduzieren. 1913
aber wurde es dem Kaiser überhaupt zu viel; denn mittlerweile
schlängelten sich auch seine Offiziere mit halbgaren Damen,
und Edelfräuleins ließen sich willig von Tangogeigern besäuseln
und von Gigolos betatschen.

Das muss man sich mal vorstellen: ein deutscher, gar ein
preußischer Offizier beim Tango! Wie der kleine Ausgehsäbel
zwischen die Damenschenkel gerät, wie das Monokel beim

Schiebeschwung ins Dekolleté plumpst! Epauletten an Lade-stockfiguren – und Tango! Ein Anblick, grässlich und gemein. Und so dekretierte Wilhelm II. am 20. November 1913, dass fürderhin ein deutscher Offizier sich jeglichen Tangotanzes zu enthalten habe und damit punktum.

Wobei man einräumen muss, Wilhelm stand mit seiner des Abendlands Würde bewahrenden Haltung nicht allein. Denn im gleichen Jahr 1913 hatten die katholischen Bischöfe ihren Papst Pius IX. dringend ersucht, jeden katholischen Tango-tänzer zu exkommunizieren. Der Papst empfing daraufhin ein argentinisches Tangopaar im Vatikan, ließ die beiden zur Tat schreiten, sah genau hin, war irgendwie verwirrt – aber er verbot es nicht.

Zum 4.12.1991 – 17 Jahre zuvor hatte Sartre in Stammheim Andreas Baader besucht.
Ein „Kalenderblatt", das dann nicht gesendet wurde.

So, liebe Kinder, jetzt erzähl ich euch eine kleine Geschichte aus längst vergangnen Tagen, als auch schon mal junge Leute versucht haben, mit Gewalt gegen Menschen und Sachen vorzugehen, die ihnen nicht passten. Ihr wisst ja, wie das ist, wenn Molotowcocktails in Häuser fliegen und Baseballschläger auf Rücken: das seht ihr ja fast jeden Abend im Fernsehen.

Also damals waren das bloß ein paar Spinner, und es gab auch nur ganz selten einen Anschlag – das ist anders als heute, wo Hunderte zuschlagen und Hunderttausende zugucken – mit „klammheimlicher Freude", wie zu fürchten ist. Auch dass die Staatsorgane heute nicht sonderlich aufgeregt sind – bloß besorgt, das schon –, ist anders als damals. Da wurden nämlich Sonderkommissionen gegründet und Krisenstäbe, die Polizei wurde massiv verstärkt und bekam neue Ausrüstungen und neue Gesetze, es gab Straßensperren und Hubschrauberjagden und überall hingen die Fahndungsplakate und alle, alle suchten mit und niemand mochte die Terroristen leiden, weil sie nämlich nicht auf Flüchtlinge sondern auf wichtige Menschen geschossen hatten.

Manchmal wurde sogar einer oder eine gefangen, und die berühmtesten unter ihnen kamen in ein großes Gefängnis, das extra für sie und ihren späteren Prozess gebaut worden war: in den Hochsicherheitstrakt Stuttgart-Stammheim. Da saßen die Rädelsführer, jeder für sich allein in sauber betonierten Zellen, und warteten auf ihren Prozess; das heißt, sie warteten nicht, sondern waren im Hungerstreik und wurden daher künstlich ernährt. Trotzdem starb einer, Holger Meins, der anderswo inhaftiert war, starb nur fünf Tage nachdem ein sehr berühmter Franzose um einen Gesprächstermin in Stammheim ersucht hatte: Jean-Paul Sartre wollte mit Andreas Baader diskutieren, um Aufschluss zu erhalten über Motive, Hoffnungen und vor allem über das Politikverständnis der Baader-Meinhof-Terroristen.

Kein unfrommer Wunsch, sollte man meinen. Gefangene zu besuchen, empfiehlt sogar die Bibel.

Die Bundesrepublik des Jahres 1974 aber schien durch Sartres Wunsch aus ihrem so säuberlich gezimmerten Häuschen zu geraten: Ein empörter Aufschrei ging durch die Verfolgungs-behörden – der Generalbundesanwalt lehnte den Besuchs-antrag entschieden ab, und, schlimmer noch, die Presse fing zu bellen an, indem sie Sartre flugs ins Eck der ausgebrannten, auch daheim nicht mehr ernst genommenen Halbidioten abschob.

Es half alles nichts. Denn wo die Journalisten – mit wenigen Ausnahmen – so jammervoll versagten, bewährte sich ausge-rechnet die Justiz: Der zuständige Richter genehmigte den Besuch, und so kam es am 4. Dezember 1974 zu dem denk-würdigen Treffen von Top-Philosoph und Top-Terrorist im Stammheimer Hochsicherheitsgefängnis.

Da hatte man nun jahrelang für die totale Ächtung dieser Terroristen gesorgt und ein ganzes Volk gegen sie mobilisiert – und nun durfte der weltberühmte Nobelpreisträger und große Dichter aus Paris eine ganze Stunde mit dem Mega-Monster

Baader sprechen! Das war nur erklärlich, wenn Sartre selbst ein Monster war, oder allenfalls: wenn er längst gaga war.

Nach dem Besuch gab der Philosoph eine Pressekonferenz, und liest man nun die Berichte davon, merkt man: dieser sabbernde Depp *war* vollkommen gaga! Jedenfalls in den blindwütig zugekniffenen Augen der Journalisten. Ein wackelnder Greis – obwohl Sartre erst 69 war, ein Lump in Lumpen! „Ein verödetes Gesicht, eine Miene, wie eine schlechte Literaten-Polemik", berichtete einer und witzelte über des Philosophen Strickjacken-Outfit: „Die Krawatte, die er nicht trug, stammte sicher von Dior", und „Reste von Gesprochenem klebten an seinen wulstigen Lippen". So hieß es, aufs Widerlichste, in einer großen deutschen Tageszeitung; und die furchtbare *BILD*-Zeitung teilte mit, Sartre sei „auch schon ein wenig schwerhörig und soll einen Gehirnschlag hinter sich haben", außerdem sitze er „mit meist ausgebeulten Hosen auf einem Holzschemel, den lieben langen Tag", sofern er nicht „seine ungeputzten Fingernägel in der geschlossenen Faust zum Sozialistengruß reckt". Das Städtchen Murrhardt wiederum setzte flugs Sartres *Geschlossene Gesellschaft* vom Spielplan ab und zeigte stattdessen Mrozeks *Die Polizei*.

Wenn auch sonst nichts bei dem Dialog rausgekommen war – so hatte sich doch gezeigt, wie viel weiche Kekse statt denkender Köpfe in der Bundesrepublik zu finden waren.

Kurzporträts

Alfred Biolek, der Plauderkoch

Wenn Wasser blubbert, kocht es; kommt aber eine Kartoffel dazu, kocht der Mensch. So einfach ist das, zunächst mal. Viele glauben jedoch, sie müssten Teelöffel hineinschmeißen, Messerspitzen und irgendwelche Prisen. Verängstigt überlassen sie drum die Aktion ihren schlunzigen Ehehälften oder essen Chips.

Manche kaufen, in jähem Lebenskünstlerrausch, Kochbücher mit Wok-Spezialitäten und tatarischen Soßengeheimnissen, Nickelschaumkellen und von hinten garende Grillstationen. Und dann gehen sie, verstört von so vielen Möglichkeiten, zum Italiener, wo sie Pizza mit allem essen.

Dabei könnte das jeder: Kartoffeln in heißes Wasser legen. Und wer das hinkriegt, schafft Rinderkeule in heißem Öl geradeso. Wenn nur die Rezepturen, diese Köchelanleitungen und Zubehörbausätze uns nicht im Frustrationskeller tiefkühlen würden, wenn bloß die Fernsehköche aller Programme und Regionen uns nicht den Angstschweiß auf die Stirn brutzelten! Wie sie filetieren, flambieren, blanchieren, schnetzeln, häckseln, schnippeln und Sherry angießen, Schalotten schroten, pürieren, dies hier auf 200 Grad, jenes auf 50 Gramm reduzieren, und hast du nicht gesehen, liegt alles auf blinkendem Teller unter einem Sträußchen Petersil an Wirsingschaum.

Da nun trat Alfred Biolek an den Herd, wie Moses unter die Furchtsamen. Und er griff zum Löffel, hob ihn zierlich und sagte: Viel gutes Öl und ganz wenig Essig, das wäre schon mal der Salat; sodann sind Tomaten aus der Dose nicht viel schlechter als frische; für selbstdestillierte Fonds hab ich keine Zeit, die kauf ich fertig, und jetzt wollen wir erst mal einen Wein trinken, es gibt heute ja sehr gute deutsche Weißweine, das glaubt man nicht!

Damit prostet er seinem schweißgetriebenen Mitesser schwappend zu, ein zwischen Lipp' und Pfannenrand hastender Bonvivant auf der Suche nach den vorgehackten Zwiebeln. Drüben brennt soeben das Filet an, und während Biolek, von seiner eignen Lebenskünstlerschaft umschwänzelt, nach Worten – und noch immer nach den Zwiebeln – sucht, um das Labsal kommunizierenden Rührens zu zweit und zu dritt an die Gemeinde zu bringen – ja, nun hat er die Zwiebeln unterm Küchenkrepp entdeckt! währenddessen also rutscht ihm das Spargelbündel allen umgarnenden Mühen zum Trotz querfeldein ins Brodelwasser, entläuft den Entenbrüsten beim Servieren noch Blut, freut sich somit jeder zuhause: Na, das kann ich auch! Das kann der ja auch nicht!

Wenn Alfred Biolek zwischen Kühlschrank, Messerblock und Pfanne durch die Küche wirkt und werkelt, seinem Gastkoch den Weg verstellt und den Gedankengang abschneidet, dabei die Bronchien freiraspelt und Knoblauch quetscht, in der Linken eine Schüssel, im Hirn eine Reminiszenz an die mährische Mutter, dann glaubt man sich in einem vergessenen Streifen der Marx-Brothers, manchmal freilich auch im Käfig mit zwei Narren.

Da schnibbelt etwa Hape Kerkeling Auberginen: „Eierfrucht heißen die, weißt du das?", wirft Bio mit erregten Brauen ein und jodelt, kreischt und zirpt um Kerkeling herum, weil dessen Gemüsescheiben einzureißen drohen. Dann klappt sein Clownsgestell abrupt zusammen, und er sucht unterm Tisch nach Gries, murmelt, wirft ratlos die Arme, hat ihn: „Guck mal, das ist eigentlich ganz normaler Gries!" – kippt Milch darüber, jodelt wieder wegen Kerkeling, schnäuzt, seufzt, schluckt Wein in sich, dann begeistert: „Guck, wie das quillt! Guck, guck, das ist richtiger Gries!" Kerkeling bestätigt dies. Bio will kulinarische Gipfel erklimmen und dünstet Rhabarber, schwärmt schnalzend von Italiens Mineralwässern, schnäuzt, seufzt und, indem die linke Hand abwägend fächelt: „Aber ich finde, die Deutschen haben in den letzten Jahren seeehr nachgezogen mit dem Wasser!" – ein Gourmet, der jede Fachinger Spätbohrung nach kurzem Gurgeln und Beißen von einer simplen 92er Selters Auslese schon am Eisengehalt zu unterscheiden weiß.

Was an Essbarem in Bios „Alfredissimo" dahergegart und hingekocht wird, hält jedem Notwinter stand und ist stets überwölbt von Bios oberstem Gebot: „Den Pfeffer immer frisch aus der Mühle!"

Pampe, ketchupdurchflossen und grässlich, knubbelt Jürgen von der Lippe quer durch die Pfanne: „Nennt sich Reistraum", murmelt er schweißüberperlt, und Bio, abgewandt nach Contenance und diesmal nach seinem Kompott suchend: „Mmm, das klingt ja schon – toll!"

Wie die Dialoge, so die Speisen. Karl Dall ferkelt magenverschließende „Saunudeln", ein andermal schnibbelt Hausfrau

126

Süssmuth entsetzlich energisch Kartoffeln, dann pappt ihr der Pfannkuchen fest, und sie versteht die Welt *noch* weniger. Alice Schwarzer vermasselt ihre Mayonnaise, Henry Maske matscht Steckrüben zu einem Eintopf, Hans Meiser bläht Salzburger Nockerl und Bio bläst ein Gockerl auf. Die Sägebrecht wieder haut Kaskaden von Gewürzen und Obst einem Huhn in den Bauch und nennt's vernünftigerweise „bayrisch-surinamisch".

Und bei all diesen Rezepturen kommt's natürlich gar nicht auf Können und Kenntnisse an, sondern einzig auf das Hausmannsköstliche, das unter den OP-Bedingungen ausgepichter Lebensmittelchirurgen verschüttet war. Bioleks epochemachende Entdeckung ist, dass heiße Herde eine wunderbare Voraussetzung heiterer Stunden sind, dass Mitmenschen zum Mitmantschen und Weine zum Trinken da sind.

Worauf wir beim Talkshow-Sex seit langem warten – nach allen Coming-Outs als Sado und Maso, Homo und Pädo, endlich wieder ein Coming-In zu erleben, bei dem zwei Menschen schiere Haut an schierer Haut liegen und dabei schiere Freuden empfinden –, das ist auf dem Gebiet des Kochens nun gelungen: Biolek hat die Missionarsstellung am Herd popularisiert.

In genau 30 Minuten, Plaudern und Gabelgefummel inklusive, läuft die Chose ab, wobei vorgebraten und -geraspelt wurde, falls nötig. Gegen Ende wird's mitunter sportiv, wenn der Gast in Hast die Ente zerfetzt, Biolek Blaukraut übern Teller flatscht, zugleich Wein und einen ersten Bissen einkippt, während schon der Abspanntext und das rituelle „Aah, mmh, ohh" aus Bios weit übern Teller gerecktem Munde sich vermengen und doch immer das Rätsel bleibt, ob seine Geräuschorgeleien nun dem Wohlbehagen oder der Verbrühungsqual entspringen.

Etwas Cord-Flanellenes geht von ihm aus, die Melange englischer Tweed-Seriosität in sanftem Braun mit südfranzösischen Seidenhemden, oliv oder auch mal violett. Halb der Clown Grock, halb Michel Piccoli. Genau das aber mag der Mensch: das Bedeutende im handlichen Format. Und daher liebt man auch Bioleks freundliche Aufmerksamkeit in seinen Talkshows. Dass da einer bloß dabeisitzt und einfach zuhört, manchmal fragt und hustet, manchmal leis erklärt – schön ist das und ungewöhnlich. Sonst springen sie ja immer durch Reifen, werfen Torten, heulen von Notzucht – hier reden sie einfach vom komplizierten Leben, und Bio hockt schräg dabei, faltet die ledergefassten Füßchen unterm Stuhl und schiebt seine erstaunliche Unterlippe zur Nase.

Um ihn weht ein Hauch des stinknormal Spannenden. Fischragouts mit Bleichsellerie fesseln ihn ganz offensichtlich ebenso wie Transvestiten mit Zellulitis und die Probleme linkshändiger Söhne von eineiigen Schachmeistern: Kinder, ruft er enflammiert, ist diese Welt nicht bunt und wunderbar! Man muss doch bloß hinhören, mitessen und Pfeffer immer aus der Mühle raspeln.   (1996)

Ein genialer Einfallspinsler:
Der Kulturzirkusdirektor August Everding

Zu seiner Geburt standen, von Weihekerzen angefeuert, die Gardinen in Flammen, einige Jahre später schoss ihm Hochspannung – beim Drachensteigen in Bottrop – in die Rechte. Seitdem steht August Everding unter Strom, sprüht überall Funken und inszeniert Gottsucherdramen und Götterdämmerungen von Melbourne bis Finnland.

Theologie hat er studiert, Germanistik und Theaterwissenschaft, hat Klavier gelernt und Flöte und wollte über *Die Personifikation des Todes im Drama* promovieren, wobei er zum Theater selbst geriet und alsbald gepackt war vom Leben, das ihn besonders in seiner eignen Personifikation fesselte.

Schampusfrühstück an der New Yorker Met, nachmittags Mettwurst mit Selters bei der ÖTV in Recklinghausen, zum Abend einen Schiller anschauen in Weimar, danach einen kleinen Vortrag über das Abendland und die Kunst halten vorm Arbeitskreis der Stahlindustrie – und beim Fliegen und Fahren die nächsten zwei Opernregien durchdenken –, das beispielsweise ist ein nicht-verlorener Tag, und Everding kennt keine anderen: „Wenn ich einmal einen halben Nachmittag nichts zu tun habe, bekomme ich Schuldgefühle". Katholik Everding weiß sich in diesem Punkt ohne Schuld.

Mag dem Gläubigen das Leben eine Reise sein, dem Everding ist Reisen – und Rasen – das Leben, zum Schlafen reicht dabei die Zeit nur knapp und zum allzu innigen Denken nicht immer. Flutschen muss es, sich bewegen, vorangehen ringsum – mit ihm in der Mitten. Lesen kann er in Flugzeugen: „Am liebsten fliege ich nach Melbourne, das ist fast ein Tag Lesezeit."

Die alte Geschichte: Sich Zeit nehmen verstehen die meisten als diebischen Vorgang, so als knapse man sich selbst was ab, während Everding nach dem Zeitkontingent des Himmels greift und sich brockenweise damit füttert. Wer sich so die Zeit nimmt, der hat sie dann – für alles, außer fürs Vergeuden.

„Ich denke viel an meinen Tod", sagt er, „und da ich nicht ruhen und schlecht rasten kann, möchte ich vieles in diese mir verbleibende Zeit hineinpacken!"

Barock haben ihn schon viele genannt, einen barocken Theaterfürsten, und dabei wohl vor allem an seines Leibes füllige Form und an seine Lust am Schaugepränge gedacht. Doch ist auch seine Beschäftigung mit dem Tod sehr barock, und seine stets eingestandne Eitelkeit birgt den Doppelsinn der Vanitas: dass alles vergeblich ist, wir aber grade deshalb den Tag einfangen und unsre Zeit nützen müssen. „Ich begreif nicht ganz", sagt er, „dass so etwas Herrliches wie ich, zu dessen Konstruktion sich die Natur Millionen Jahre Zeit genommen hat, sterben soll! Unglaublich."

Drum rudert und strampelt er an gegen den Unfug des Endes, hat über 130 Inszenierungen weggeschaufelt, hat Festspiele flott gemacht und Deutsch-Ost-Theater vorm Sterben bewahrt, war Theaterintendant und Opernintendant, dann Generalintendant, jetzt Staatsintendant, lehrte an Unis und Akademien – deren eine er selbst ins Leben rief –, begrüßte Papst und Kanzler und Sponsorengattinnen, heimste Orden und Ämter und sackte Millionen ein – auch für sich selbst, versteht sich.

130

Er diskutierte, inszenierte, organisierte und zelebrierte und dinierte immer wieder und hat vier Söhne und eine einzige Frau, die er bisweilen am Abend zu Hause trifft – im Grünwalder Schloss aus gotischer Zeit, denn darunter wohnt einer wie er nicht. Seine Frau, die Ärztin, ist engagiert in der todessanften Hospizidee, und wenn sich August und Gustava abends begegnen, dann, so sagt er, „kommt sie von der Sterbehilfe, während ich tagsüber Lebenshilfe geleistet habe." Präsident ist er – des Deutschen Bühnenvereins, der deutschen Sektion des Internationalen Theaterinstituts, der Internationalen Vereinigung der Opernhaus-Direktoren, der Bayerischen Theaterakademie und, sowieso, Vorsitzender des Deutschen Kulturrats – und hält überall Reden und konferiert und managt, verwirft, begeistert, entflammt, und dies alles fällt ihm so leicht, weil er selbst ständig lodert und jeden ansteckt – ja, womit eigentlich?

Damit, dass Kunst Leben ist und Leben eine große Freude. Dass aber Arbeit eine einzige Freude ist, aber Essen schon auch; dass man mit beiden Händen, beiden Augen und einem Stück Hirn schöpfen muss! Aus dem großen Zeittopf herausschöpfen und dann damit schaffen. Nur kein Licht unter einen Scheffel stellen! Wuchern mit den Talenten, die dann ganz von selber weiterwuchern – Jesus müsste seine Freude haben an seinem Sohne August. Die irdischen Zuhörer haben sie jedenfalls, wenn er vorträgt und diskutiert und mit drei Sätzen den *Faust* erklärt und das innere Wesen des Abendlands im Nebensatz enthüllt. Wes der Mund voll ist, des fließt das Herz über – so rum geht das nämlich bei ihm, und gleich darauf fließen die Brieftaschen der Sponsor-Industriellen über; alles gibt für die Kollekte und fühlt sich reich dabei. Und wieder ist ein Theater gerettet, eine Finanzierung gesichert, und die Menschen wissen endlich, was Kultur heißt, und gehen beschenkt nach Hause zum Fernsehn.

Es ist ungehörig, über Namen Witze zu machen, aber musste er obendrein August heißen? Wo er doch ein ganzer Zirkus in einer Person ist: Direktor, Clown, Dompteur und dressierter Pudel, auch Logendiener und Blaskapelle. Stets ist er auf dem Sprung – egal, ob gegen Feindseligkeiten, für Freunde oder bloß durch Reifen: sein enormer Schädel sackt zwischen die Schultern nabelwärts, die Rechte reckt schon mal den Zeigefinger – beim Stehen unterfängt dabei die Linke stützend des Bauches Rundung –, sein Drosselbartkinn senkt sich dem entschwundenen Hals zu, und der Mund karpft. Seine Augen geistern über den Brillenrand, empört, belustigt, allemal wieselflink; weiter noch stülpt sich die Oberlippe dem Gegenüber zu, gänseeiförmig weitet sich die Höhlung des Mundes – gleich wird's kommen! Und da ist es: Eine sprudelnde, purzelnde Silbensuada pladdert aus ihm heraus und spült alles fort, eigne Gedanken genauso wie Gegenargumente. Wunderbar schlingen sich Sätze, hüpfen in Bögen und strudeln zu Tal. Ein Musiker spricht, ein Komponist, sotto voce und con fuoco, parlando, crescendo, con brio. Er schleicht sich ran, er schlägt einen Haken, schreit auf, lacht wie Rübezahl und duckt sich sofort.

Nicht dass man nun immer wüsste, was genau dieser Mann sagt – aber es reißt mit, und sofort ist man ganz sicher, dass er recht hat. Seine Stoßkraft puscht jeden, egal wohin. Sein Enthusiasmus, diese um sich selbst wirbelnde und davonschleudernde Leidenschaft, duldet kein Abwägen, man müsste sich seines Zauderns genieren.

Everdings öffentlicher Dialog mit Reich-Ranicki zum Thema „Kritik" – festgehalten auf einer CD – ist die Brüllnummer zweier genialer Pausenclowns, die mit der Konfettikanone aufeinander Wörter schießen, umfallen, aufstehen, brüllen und heulen. Ranickis „Já!" knallt mit Peitschen dazwischen, und Everdings „Naiiiin!" ist das Aufjaulen des Dummen August. Einwürfe schnellen sie ab wie Frösche ihre Leimzungen – ein Duett grotesker Spaßmacher. Vollends absurd geriet dies, als sie die Partie zum Trio erweiterten und Joachim Kaiser dazunahmen, für eine zweistündige Fernsehdebatte vor Publikum. Es sollte über „Die Bedeutung des Librettos" gehen, gleichviel. In Wahrheit war's ein Showdown dreier Professoren, der „Drei Parleure", was später drei Tenöre zur Nachahmung trieb.

Dass eine Zuschauerin am Ende sagte, sie sei heute „in erster Linie hergekommen, weil ich der Melodie Ihrer Worte lauschen wollte, der Inhalt war gar nicht so wichtig", dies genau traf voll ins Schwarze.

Inhalt ist oft Schall und Rauch, der emotionale, von sich selbst randvoll engagierte Ton macht erst die gewaltige Melodie, so dass man am liebsten nach Everdings Moderations-Brandreden aufstünde und jubelnd sänge „Alle Menschen werden Brüder" oder doch was in der Art.

Herrlich seine Gabe der einfachen, keineswegs klaren, doch stets irgendwie klärenden Pointierung: „Die Wirtschaft hat ihre Lobby", sagt er beispielsweise, „unsere Lobby ist allein die Aufführung!" Schon sehen das alle ein und greifen zum Scheck. Und, sagt er, „ob das Überflüssige nicht genauso nötig ist wie das Flüssige" – da bleibt der Schampus im Hals hängen, und man legt noch was auf den Scheck. Endlich der Gnadenstoß, Everdings Hammer: „Die Wirtschaftler", ruft er, „müssen produzieren, *was* ankommt, wir machen, *worauf* es ankommt!" Doch, doch, das ist herrlich gesagt. Man muss ihn lieben. Er ist ein Rastelli der Begriffe, ein Magier Kalanag der Wörter, ein Pater Leppich der Hure Kunst.   (1996)

Das Fabeltier von Feldafing:
Lothar-Günther Buchheim

Viele glauben, Buchheim sei so berühmt, weil er immerzu faucht, flucht und um sich drischt: Sancho Pansa, Don Quichotte und Windmühle in Personalunion; der unheilige Buchheim selbdritt, ein gottbegnadeter Schachtelteufel und Eléphant terrible. So wirkungsstark als Wutspritze, dass kaum jemand fragt, was eigentlich seine Wut erregt hat und weshalb er so spritzt. Weil er fast immer recht hat und meist im Recht ist, und diese Rechthaberei wieder geht jedem auf den Keks oder gar ans Eingemachte.

So sitzt er seit Jahrzehnten auf einem riesigen Schatz, den er wie wild stiften möchte und den alle haben wollen. Doch pfeifen sie ihn an und aus, hänseln, gängeln, schurigeln ihn, wollen ihn übern Tisch ziehen oder untern Tisch treten, mit Dreck eindecken, ihm vorschreiben, wie er zu stiften und selber dabei stiften zu gehn habe, sprechen voll Gier von seinem Geiz, voll Zorn über sein Ungestüm, voll Neid von seiner Sammelvöllerei und voll Wollust von seiner Hoffart.

Um Buchheim tanzen sämtliche Todsünden im Reigen, und er gibt den Tanzbärenmeister und fiedelt ihnen auf und prügelt ihre Bälger und ärgert sich tot, dass er seine Zeit verschleißen müsse mit Arschlöchern, Spießerkretins und Gullyratten – Zeit, die er dringend brauche, um noch all die Bücher zu schreiben, die schon zu drei Viertel fertig seien oder in Aberdutzend Leitzordnern hinter ihm stünden als Material-gebirge und halbgare Skizzengefilde; Zeit, hier noch was

Tolles zu entdecken und einzukaufen, billig natürlich – teuer kann jeder, da einen Trend vorherzuschnuppern und in Bewegung zu bringen – ach, soviel warte darauf, von ihm beschrieben, gemalt, fotografiert und ersonnen zu werden!

„Der Fehler liegt darin, dass ich mein Dasein auf mindestens 200 Jahre angelegt und auch danach gelebt habe. Und dann bin ich über Nacht, wirklich über Nacht, alt geworden. Das ist die Scheiße."

Da sitzt er in seinem Bau, am Arbeitstisch, der übervoll ist von Büchern, Notizen, Krimskrams, Staub und Kunststückchen; obenauf das Taschentonband zum Einflüstern rascher Gedanken zwischendurch, in den Regalen die Ordner (natürlich auch auf dem Boden), die Kunst- und Quatschmitbringsel aller Welt, aus Kaufhäusern Chinas und aus afrikanischen Krals und deutschen Auktionshäusern: Masken, Puppen, Blech, Holz, Porzellan, mal fingergroß und kostbar, mal riesig und bloß köstlich. Kitsch, Kunst, aber nie Konvention.

Die über hundertjährige Villa – mit 3000 Quadratmetern Gartenwiese, Bäumen und Bach – ist gefüllt mit Wunderdingen wie eine Mastgans. Keine Waagrechte ohne Blechspielzeug und Glaskugeln drauf, kein Wandstück frei und weiß – weiß ohnehin nicht: „Seit wir hier wohnen", und das sind mehr als vierzig Jahre, „haben wir nicht mehr gestrichen." Wozu auch und wie auch? Bild an Bildchen, Votivbrüste aus Silberblech, Hinterglasheilige, steinalte Zirkusplakate, dazwischen ein herrliches Picasso-Pastell und ein Beckmann in Öl neben javanischen Ledermarionetten. Volkskunst und Hofkunst und mittenmang Bauchrednerpuppen und Jahrmarktsorgeln; und noch auf dem Klo sitzt dem Gast dräuend ein schwarzer Marionettenmann im Weg. – Sehr wertvoll, ganz wertfrei, aber immer so witzig, zierlich, kunstvoll schön, dass der Begriff „wertlos" selbst jeden Wert verliert.

Der Großbesitz, die paar hundert Bilder des Expressionismus, die machtvollen Glanzwerke in Öl, die Druckgraphiken der Moderne, die sind seit langem in den Tresoren des bayrischen Staates gebunkert. 250 Millionen sollen sie wert sein. Wie schafft man das, wie rafft man das?

„Ich grapsche alles zusammen wie ein Eichhörnchen", sagt Buchheim, und er grapscht dann, wenn es preiswert ist oder praktisch gar nichts kostet, weil niemand außer ihm ahnt, was es wert ist. Ein Besessener, gequält nur von der Endlichkeit seiner Tage und von der Dummheit um ihn her. „Man kann mit Brunnenfröschen nicht über den Ozean reden", sagt er, und ein Reigen von Gegnern zieht an ihm vorbei, die dummdreisten Museumsdirektoren, faulfrechen Politikersäcke, neidhammeligen Mitbürger, der Krakeel von Naziseelen. „Ich halte mich für ein Lämmchen", sagt er; an einen Hammel denken die Gegner.

Zwölfjährig fing er mit Linolschneiden an – der Kammerfußboden mußte dran glauben; die Drucke des Dreizehnjährigen könnten heute in jeder Galerie reüssieren: Bravourös beherrschte er das Schwarzweißspiel aus Licht und Schatten in seinen Szenen der Zirkus-, Straßen- und Arbeitswelt rund um die stiefväterliche Eisengießerei bei Chemnitz, deren Konkurs ihn ins Internat brachte, weg aus dem häuslichen Chaos und von der malenden Mutter. Während die andren Faustball spielten, bastelte er an Kettchen und Pappfiguren: „So verdiente ich meine Pfennige, und wenn zwei Mark beisammen waren, trug ich sie auf die Bank."

Er war ein zeichnendes Wunderkind, bekam eine erste Ausstellung, und man schrieb über ihn Artikel. Er wiederum schrieb, grade 17 Jahre alt, für drei Zeitungen gleichzeitig Reportagen, saß anderntags auf der Schulbank, bekam alle Stipendien, hielt alle Reden, gab zuhause Geld ab, war Tanzstundenvorstand und Sächsischer Gaumeister im Schwergewichtsringen.

Mit 13, 14 war er schon durch Deutschland geradelt, von einem Museum zum anderen, hatte Geschichten geschrieben und illustriert, selbständig in allem. Nach dem Abitur Italienreise, dann allein die Donau abwärts gepaddelt bis ins Schwarze Meer; er sah, er zeichnete und lernte, brachte sich durch. Und schrieb sein erstes Buch: *Tage und Nächte steigen aus dem Strom*. 1939 Kunststudium, Kriegsberichter in Wort und Bild, mit Fotoapparat, Kohle und Tusche – und mit der Gier, alles selbst zu erleben, auch die U-Boot-Bedrängnisse.

Sein spät erst geschriebenes Buch über *Das Boot* klingt so authentisch, weil es authentisch ist in jedem Kapitel, jedem Furz. Weit über dreimillionenmal wurde es weltweit verkauft und ist noch immer ein „Renner". Und in Amerika, sagt Buchheim, „da bin ich bekannter als Grass und Böll". Auch das nach weiteren zwanzig Jahren nachgeschobene Weltkriegsepos *Die Festung*, von 6000 auf 1500 Seiten kondensiert, stieg trotz des Dreipfünder-Bleigewichts zu Bestsellerhöhen auf, und Buchheim beschied jeden, der wissen wollte, wie er nun auch noch „diese Schwarte" geschrieben habe, knapp: „Mit Daumen, Zeige- und Mittelfinger und mit etwa tausend Kugelschreibern". Aber warum? Da schlug er sackgrob im

Landserjargon zurück: weil es langweilig werde, „tagelang zu wichsen".

Einer wie er hat nichts zu verschleudern. Als er nach dem Krieg Kinder zeugte, musste auch das so rasch und auf einen Schlag gehen, dass er dazu zwei Mütter benötigte, eine aus Frankreich, eine aus Bayern. Das war, als er in München – aber auch in Paris – Kunst studierte, als er in Feldafing billig logierte und aus Sperrholz aberhundert Zirkusfigürchen sägte und Hinterglasbilder malte für seine flink gegründeten „Kunsthandwerklichen Werkstätten", womit er diesmal seine „Pfennige verdiente". Markstücke brachte ihm eine andere Kunst: er stopfte Hammelkeulen – die hierzuland verpönt und daher spottbillig waren – in seinen alten Seesack und verkloppte sie als Delikatess-Gigots in Paris, besuchte Fernand Léger und Braque in deren Ateliers und brachte ihre Bilder im Sack nach Frankfurt, wo er eine Galerie betrieb.

Weil aber die französische Moderne den Deutschgearteten noch recht unbekannt war, musste er natürlich gleich ein paar Monographien schreiben über Dufy, Picasso, Braque und danach über diese entarteten Deutschen, den Beckmann, den Klee, Otto Mueller und die gesamte Künstlergemeinschaft *Die Brücke*, und seine Schriften machten ihn zum Doktor, zum Professor gar. Insgesamt schrieb er drei Dutzend Bücher. Wo aber sollte er die und dazu all die Kataloge seiner Galerieausstellungen drucken? Na, wo sonst als zuhause, im *Buchheim Verlag Feldafing*. Versteht sich, dass der rasch einen guten Namen bekam, denn Buchheim layoutete, druckte, schrieb das meiste selbst, und Frau Ditti fuhr anfangs die kunterbunten Werke portionsweise in die Buchhandlungen: Kunstbände,

Kalender, Gagbroschüren, Kinderbücher, Postkarten und Poster.

Staunend stand er zwischendurch in Auktionen, wo kein Mensch Interesse zeigte an den aus Verstecken auftauchenden Expressionisten. Selbst für 300 Mark wollte keiner einen Heckel, Kirchner, Schmidt-Rottluff, die Maler seiner sächsischen Kindheit und Heimat – Rottluff ist ein Vorort von Chemnitz. Buchheim kaufte, wie er sagt, „oft nur aus Wut, weil keiner von den Museums-Herren die Hand hob". Viele Äppel, viele Eier gab er dafür her, und heute soll das 250 Millionen wert sein – und die Leute fragen misslaunig, woher er das eigentlich habe. Wer die Buchheim-Factory kennt, Ditti und Lothar-Günther, weiß, dass beiden das Finden und Sammeln höchste Lust ist, und dass Schampus und Kaviar doch nur unten wieder rauskämen; Emil Nolde aber, der bleibe. Nebenbei schleppten sie von Pariser Flohmärkten Gallé-Vasen, als Jugendstil noch verachtet war, horteten sie Mappenwerke und hundertjährige Zeitschriften.

Ein Vierteljahrhundert lang mühte er sich ab, seine Sammlungen der Öffentlichkeit zu stiften; fast immer stellte sich – von Chemnitz bis Duisburg, von Berlin bis München – heraus, dass allen nur an den fetten Ölstücken und schlanken Graphikblättchen gelegen war, keinesfalls aber an den gläsernen oder keramischen Funden, auch nicht an den prachtvollen Holzbildhauereien.

„Jeder will bloß die Flachware an seine Wände knallen, also ein Bilderleichen-Schauhaus einrichten – aber nicht mit mir!" Buchheim bestand auf seinem *Museum der Phantasie*, worin sich die Kunst mit dem Handwerk mischt, das Handgreifliche mit dem Geistigen, so wie es einst auch die Maler angeregt habe. Nachdem seine wildgewordenen Feldafinger jede Kunst-zumutung per Bürger-Entscheid abgeschmettert hatten, wird das Museum nun – zwölf Kilometer weiter in Bernried, am Ufer desselben Starnberger Sees, erbaut, mit all der Vielfalt von Negermasken und Max Beckmann, von Glaskugeln, Picasso und den „Brücke"-Malern: ein Museum ohne erhobenen Zeigefinger, doch für erhobene Blicke.

Dann werden also die von den Feldafingern so verabscheuten Besuchermassen dennoch durch ihr Dorf fahren – um Bern-ried zu erreichen; das gönnt er denen.

Da sitzt er, grämlich, weil er seine Kraft zum Zürnen im Schwinden fühlt, sitzt wie immer in Bequemcord und Gebrauchs-wolle, am Ellbogen geledert, und schaut durchs große Fenster. Dies beschissene Altsein! Zwei Infarkte, eine Embolie, Herz-schrittmacher, ein ruiniertes Auge – zum Kotzen! Und noch so viel zu tun! Und schon das dritte Hüftgelenk, Titan wenigstens dies noch.   (1998)

Laudatio auf den Schauspieler Jörg Hube

Volk und Heimat hieß die Abteilung im ORF, für die er vier Jahre lang als Reporter und Sprecher tätig war, in Salzburg, wo er das Mozarteum absolvierte. Volk und Heimat – was so betulich klingt und meist genau so gemeint ist, das kriegt bei Hube einen scharfen Zug ins Aufbegehrliche: die Heimat, das ist ihm die Wohnstatt der Menschen – also aller, die sich wie Menschen benehmen – und heimatlose Gesellen sind ihm jene, die Gehirnschotten und Gemarkungsgrenzen dicht machen; was aber das „Volk" betrifft, so setzt er neben das „Wir sind das Volk" sein „Ich bin das Volk!" – und er ist mit sich nicht immer zufrieden, auch wenn ihm seine Sympathie gehört.

Was er wohl am meisten verabscheut, ist die träge Denkbequemheit der Eh-scho-Wissen-Spießer und das angefettet Selbstgewisse; denn nie kann einer wissen – wie schon Sokrates gesagt hat – und nie darf der Mensch das Denken aufhören, ja, man muss die Schädeldecken aufpicken, um mit den Menschen in Kontakt zu kommen. Oder man bringt sie zum Lachen, was ja humaner ist, denn dieses Gelächter, das aus der Verblüffung in blitzschnelles Erkennen weiterspringt, lockert den festgebacknen Hirngries und lüftet vermuffte Gänge im Oberstübchen, wenn Hube als Frau Holle unsre verpupsten Betten ausschüttelt und frischen Wind hineinklopft. Der Kasperl im Kindertheater, der Narr in den Volksstücken machte es mit seiner Pritsche genauso: er drosch aufs Krokodil und auf den Gendarm. Und auf die Gretel auch, wenn sie sich gar zu dumm anstellte.

Dass Jörg Hube als Lokalreporter, mit dem Mikro in der Hand, mitten unter den Leuten im Salzburger Land anfing, ist also – angesichts seiner heutigen Berühmtheit als Schauspieler – mehr als eine skurrile Schmunzelanekdote: es ist der entscheidende Auftakt eines immerzu öffentlichen Lebens. Da lernte einer die Mitmenschen hautnah kennen, den kleinen Mann und seine kleine Frau, den kleinen Politiker und die Großmannssüchte. Und er sog alle Farben und alle Verfärbungen in sich, alle Gerüche und Stänkereien, die Klänge der Ängstlichen und der Hochmütigen, das ganze Salzburger Welttheater, wie sich's nicht auf der Domtreppe, aber in den Höfen und Mietwohnungen darstellte, bei Kegelbrüdern und Zwietracht-Vereinen.

Hube hat, was er da zu hören und zu sehen bekam, in seinen Schädel eingefüllt, und da drin wartet es seitdem, sprungbereit, bis wer den Starter drückt und ein paar der tausend Hube-Geister und Volksdämonen freisetzt. Zitieren wir, was der Kunstkollege Georg Ringsgwandl über ihn schrieb: „Wenn ihm zur falschen Zeit was quer kommt, fängt er an zu brüllen. Dann verdammt der entfesselte Kohlhaas des süddeutschen Theaters die bösen Mächte da oben in einem derart barock geistigen Amok, dass alles ringsum in Deckung geht. Aber nie sah ich ihn auf einen Untergeordneten losgehen. Er ist einer der letzten praktizierenden Sozialdemokraten, ein Mann von makellosem Ethos. – Von welchem Schauspieler kriegen Sie alle möglichen Dialekte plus Strauß, Bismarck und Kultusminister Maier, die verhärmte Hausfrau, den Bauchredner und die kokette Dame? Das alles nacheinander und nicht als Klamauk, sondern als lebende, anrührende Menschen? Wer kann, wenn das Licht ausgeht, den Saal aus dem Stegreif eine Stunde lang bei Laune halten? Wer kraxelt den 20 Meter hohen Pylon eines Zirkuszelts hinauf, in Rock und Stöckelschuhen und ohne Sicherung? Von wem kriegen Sie das?"

Vor beinah 30 Jahren – Hube war mittlerweile Schauspieler geworden in Trier und gab da beispielsweise den *Prinzen von Homburg*, worauf er sehr bald Kabarettist wurde und als *Hammersänger* im Duo mit Helmut Ruge durch die Lande tingelte – vor 30 Jahren also trat unser Hammersänger beispielsweise so auf – und ich bitte um Nachsicht, wenn ich nun meine eigne Kritik von einst zitiere: „Der Mann, den er darstellt, bei dessen bloßer Namensnennung in früheren Kabarettzeiten schon gelacht wurde, wird hier gar nicht benannt; er ist halt 'ein Millionär' und Vertreter 'des Anstands' in Politik, Wirtschaft und überhaupt. Über diesen Anstand will er jetzt vor Mitmillionären ein Referat halten. Hube steht auf, zieht die Schultern unter seine Ohren, spielt mit der Brille, sie schwenkend und vorstoßend, wippt in den Fußgelenken auf und nieder – schon platzt jemand los vor Lachen – und dabei hat Hube noch kein Wort gesagt! Jetzt sagt er's gleich, er wippt stärker, stößt lässig die Brille in Richtung Lacher, selbst lächelnd: 'Sie müssen eine merkwürdige Vorstellung von Anstand haben, wenn Sie schon blöken, bevor ich überhaupt etwas gesagt habe.' – Wie er das aus sich herausbröckelt! Fast sanft und dabei geladen und explosiv: er weiß, mit diesem Anreißer gewinnt er die Runde und den Saal. Die Lippen reden schon, während das Hirn noch an den nächsten Ausfällen arbeitet."

Strauß ist ja bald darauf von jedem Provinzkabarettisten parodiert worden – landauf, landab sackten Schädel zwischen

Schlüsselbeine –, so dass Hube sich auf andre Typen warf, Brandt, Hans Maier, Jochen Vogel, auf Franken und Preußen, Ministerialbeamte und Asthmatiker – und auf den unbekannten Wirtschaftslenker, den er, nun als Ensemblemitglied von Kammerspielen und Theater der Jugend, in einem Agitationsstück für Jugendliche derart grauenvoll erhitzt und verhetzend im Frontalangriff über die Rampe fetzte, Zwischenrufe provozierend und mit Schaum und Schärfe konterkarierend, dass die jungen Zuschauer, die Zuhörer, ihn für absolut echt und widerlich hielten und beinah die Bühne stürmten in ihrer Wut auf solch ein Arbeitgeber-Scheusal.

Die Konfrontation braucht er, liebt er und hasst er. Wenn er privat auf gefährliche Dummheiten eher vorsichtig, beinah ängstlich reagiert, so gibt ihm die Bühne und erst recht das Brettl die Möglichkeit, über sich hinaus und aus sich heraus zu wachsen. Werden andre von ihren Ängsten ins Irrenhaus getrieben, so hat er seine Therapiesitzung vorm Publikum, wo er sich abreagieren kann mit gebündelter Energie und in Blitzentladungen. Und dafür kriegt er dann obendrein rasenden Beifall: Hube im Glück! Und wie wunderbar, wenn er dann auch noch sehen kann, wie er in seinen Zuschauern Leben wachkitzelt.

„Wir haben uns daran gewöhnt, wie die Mäuse und Kaninchen auf einem Mittelstreifen der Autobahn zu leben – die Todesmaschinerie links und rechts wird gar nicht mehr wahrgenommen", sagt er und mokiert sich über die Blutlosigkeiten sogar bei jungen Schauspielern: „Verformte Menschen, spielunfähige Menschen. Verkopfte, verkrampfte, wenig freie, wenig phantasievolle Menschen" beklagte er an den Theaterschulen, und dass allzu viele ihre Körperlichkeit nicht mehr wahrnähmen, sondern hochentwickelt und leistungsorientiert seien wie irgendein Direktor bei Siemens. So dass man besser von „Schauingenieuren als von Schauspielern" sprechen sollte. Er jedenfalls ist ein Spieler, ein Komödiant und Tragöde von alter Bühnenherrlichkeit; einer, der nicht lang drum bittet, den „Löwen auch noch spielen" zu dürfen, der gleich die ganze Manege und den Direktor dazu darstellt. Und die Blaskapelle sowieso.

Setzt man ihm einen Zwicker auf, kann er mit seinem gedrungenen Bau und zwischen die Schulter gesackten Kopf grantig ausschauen wie der Ludwig Thoma, den er im Film schon gespielt hat; lässt er sein Lachen aus dem Schädel krachen, eignet er sich passgenau als Oskar Maria Graf, aus dessen Werken – weil sie ihm selbst so nah sind – er seit Jahren immer wieder vorliest und vorspielt. Er ist, mit seinem bauernpfiffigen Kahlschädel, der geborene Dorfrichter Adam, mit seiner apoplektischen Brutalität ein idealer Mussolini, in seiner lauernden Kraft ein Orson Welles und in der verhuschten Ängstlichkeit ein geprügelter Hund. Und er ist, in der *Löwengrube*, ein wackrer Beamter, als wär er mit dem Traum von einer kommoden Pension auf die Welt gekommen. Nebenbei gesagt spielte er in dieser *Löwengrube*, Bayerns – und wahrscheinlich Deutschlands – bester Langzeitserie, erst den Vater Grandauer, hernach seinen eignen Sohn; aber auch der wurde wieder alt, bis man nicht mehr sicher sein konnte, ob da ein junger Schauspieler einen alten, oder ein älterer einen jugendlichen darstellte.

Nun ist es ja normal, dass ein Schauspieler heute Richard III. und morgen Onkel Vanja spielt und wir dann sagen: Respekt, wie der sich verwandeln kann! Jörg Hube aber zeigt den unterdrückten Onkel im mordgierigen König, und Totschlagslust blitzt hinterm Beamtenzwicker – er könnte auch einen wie Himmler scheußlich genau darstellen.

Jörg Hube ist eben immer auf Durchreise: bei seinen Charakteren wie bei seinen Berufen – ein Getriebener und Weitergejagter mit dem logischen Hang zum Luftschnappen. Ein Gemütsmensch, dessen Mut rasch durchbrennt und dann in Ängste oder in Wutgebrüll ausweicht, was hautnah beieinander liegt in diesem Nervenmann, der stets so ganz bei sich ist, dass er fugenlos außer sich geraten kann. Weshalb ihm so ein Sauf- und Saukerl wie der Gutsbesitzer Puntila – von Brecht – ganz unbedingt auf den Leib geschrieben, ja, auf ihn geprügelt ist: einer, der im Zustand nüchterner Weltbetrachtung zum Leuteschinder entgleist, im Suff dagegen ein menschheitsumarmender, menschenerwürgender Genussbolzen wird – und so oder so immer ein Rübenschwein ist.

Da konnte er's krachen lassen, die menschliche Sau gewaltig rauslassen, grunzend, sich suhlend. Angeregt von der hohnsprühenden Regie des Franz Xaver Kroetz riss Hube – in den Münchner Kammerspielen – Stücktext und Bühne und das gesamte Publikum gleich auch noch an sich, biss sich fest, fraß auf und spuckte Brocken. Er entstieg seinen Fesseln, und einmal entfesselt, ließ er auch die Kleider hinter sich und zeigte den Leuten seinen Arsch und dann sein Gemächt, doch ohne – einfach so – nackt zu sein, woran man im Theater ja gewöhnt wäre, nein, Hube machte eine Kabarettnummer aus seinem Strip. Er kokettierte und juxte mit den Leuten der ersten Reihen, verarschte deren klamme Ängste und stieg dann mit Macht aus der Unterhose und war mit gleicher Macht ein Trumm Menschenfleisch, eine Ecce Homo überquellender Natur. Bei jedem anderen hätte man nun die Exponate ausgiebig studiert, bei Hube jedoch schaute man, nach kurzer Zustimmung, schon wieder auf dessen Gesicht, weil das einfach noch ausdrucksstärker, noch gewaltiger, noch beweglicher ist.

Übrigens ist bei Kennern Hubes Popo spätestens seit 1987 ein fester Begriff, als er ihn mit dem Hinweis, Nitrat im Wasser sei viel eher was Skandalöses, der Betrachtung feilbot: „Ja, wenn ein alter Mann aufs Scheißhäusl geht, da erregt's ihr euch. Aber da passieren ganz andere Schweinereien in aller Öffentlichkeit, und da erregt ihr euch nicht!" donnerte er im Weiterschlurfen ins Parkett.

Das war in *Herzkasperls Abermakaber*, seinem dritten eigenen Kabarett-Programm, das er im Solodurchgang und mit schauriger Boandlkramerphysis über drei Stunden lang sprach, flüsterte, greinte und hintobte als einen Lehrgang unsrer Seelenverkrüppelung durch quälende Pädagogik. Als ich ihn, noch geschafft vom bloßen Zuhören, hernach mal fragte, ob er's – bei allem Glanz, freilich, freilich, das versteht sich ja – ob er's nicht doch vielleicht fünf … oder gar auch sieben … Minuten zu lang finde, schoß er mit blitzendem Aug und vorschnappendem Kinn zurück: „Aber ja! das Ganze ist eine Zumutung! Anderthalb Stunden gehörten raus – aber ich mag nicht!"

Er mag die Zumutung. Schließlich mutet er sich selbst auch permanent was zu. Möglichst was ganz Neues. Was andres, das er noch nicht genau genug kennt und das er drum jetzt erforschen will, indem er sich's anverwandelt, sich da hinein

148

verwandelt. Der Mensch an sich ist ja ein solch abnormes Viech, eine solche Jahrmarktsbude von Kitsch und Schmerz, Verlogenheit und tiefem Leid, solch ein barocker Madensack, dabei eingeschnürt wie ein verschrumpfter Rollbraten – und genau diese Schnüre und Netze will der Hube jetzt aufreißen und dann hinein langen in den Madensack und drin rumwühlen in den Eingeweiden und Hirnwinden, und dann will er die Fundstücke vorzeigen: da schaut's hin, so ein Würschtl ist der Mensch! Und wenn man grad erschrickt über seinen höllischen Wutausbruch, weil sein Kopf gar so rot aufschwillt über die menschliche Dummheit, dann knallt ihm meckernd ein Gelächter aus der Kehle wie dem Satan selbst, und du denkst, ach so, das war bloß ein Theaterspaß – aber schon sackt er abrupt zusammen und ist ein armer verstörter Mitmensch, und du schämst dich, weil du noch mitten im befreiten Lachen steckst, wo der doch jetzt weint, und du hättest schon wieder umschalten müssen.

Die Kleinbürger ziseliert er in Fernseh-Reihen, ob als *Gerichtsvollzieher* – in der gleichnamigen Serie – , ob in der Hunsrück-saga *Heimat* oder als Grandauer in der *Löwengrube*. In den Kammerspielen tobt er den Großkotz auf die Bretter und rollt als besoffner Barlach-Schrat untern Tisch, gibt anderntags hinten im Werkraumtheater – wie zuvor schon auf dem kleinen Fraunhoferbrettl – seinen *Herzkasperl*, juxt beim Ringsgwandl an ein und demselben Abend Bismarck und die Königinmutter und einen knödelnden Minister hin und wird zwischendrin mal wieder dringend beim Rundfunk gebraucht, weil einfach niemand – wirklich niemand! – fiktive Reportagen oder gar getürkte Schaltkonferenzen mit verschiedenen Stimmen so mitreißend und zum Schreien komisch sprechen kann wie er. Aber was heißt „sprechen"? Der Hube wälzt sich über den Text, schlieft ganz hinein und suhlt sich drin, dann tobt und sprudelt und strudelt es aus ihm raus, er mixt bei solchen Monologszenen voller Volkesstimmen Dialekte, Soziolekte, Politikerphrasen und Proletenflüche; nie reißt ihm der Konzentrations-Faden, nie trägt es ihn aus der Kurve, er spielt Boxen vorm Mikrophongalgen, duckt ab, taucht weg, schreit von links, röchelt von rechts und biegt sich weit zurück für einen monströsen Brüller: so haut er dir ein ganzes Stereohörspiel in einer Person um die Ohren, dass die Technik nichts weiter zu tun hat, als bisweilen das Band zu wechseln, weil der Hube einfach alles weiß und in höchster Konzentration richtig macht, schweißgetrieben, geistgetrieben.

Außer ihm konnte so drauflos die Menschen nachahmen nur noch der Qualtinger – und sie obendrein noch spielen nur der Dario Fo. Und der hat jetzt den Nobelpreis gekriegt. Der Hube hat auch schon einiges: den *Förderpreis für interpretierende Kunst der Stadt München* – schon 1977: da waren die mal direkt weitblickend, dann den *Ernst-Hoferichter-Preis*, den *Deutschen Kleinkunst-Preis*, die *Ludwig-Thoma-Medaille*, die *Löwenpfote*, zweimal den *Adolf-Grimme-Preis* und komischerweise nur einmal den *Theaterpreis der Stadt München* sowie den *Deutschen Kabarett-Preis*. Kommt jetzt noch was Oberbayrisches dazu: der Kunstpreis des Bezirks.

Er ist ja in Brandenburg geboren, in Neuruppin, was er gerne wie Neurúppin spricht, weil's dann wie „Neuötting" klingt. Der Geburtsort war nicht mehr als ein schöner Zufall, schön, weil in Neuruppin auch Theodor Fontane, der ironische

Menschenbeobachter und Theaterkritiker, geboren wurde –
und weil hier die *Neuruppiner Bilderbogen* her sind, die
Schautafeln für Jahrmärkte und Moritatensänger, volksnah,
blutig und lebensprall. Also wie für Jörg Hube gemacht.
Inszeniert hat er auch, schon öfters – und oft sehr reizvoll und
sehr gewitzt. Seinem Temperament entsprechend vor allem
Komödien, Tragikomisches, Wüstes. Und wenn's nicht wüst
war, so wurde es das in seiner Regie. Brecht und Kroetz,
Goldoni, zuletzt fürs Münchner Volkstheater Mitterers *In der
Löwengrube* und danach Offenbachs *Orpheus in der Unterwelt*.
Und diese Unterwelt war im alten Klosterkreuzgang von
Feuchtwangen. Wo ehedem gebetet worden war, brandete
nun das Gelächter durch die Romanik.
Was noch hat der Hube alles gemacht? Direktor war er, von
der Falckenberg-Schauspielschule in München. Begeisterter
Lehrer war er da, und die Schüler waren von ihm begeistert,
weil er halt jeden ansteckt mit seiner Gewalt und seiner Lust
am Beruf und am Denken und Spielen und Mitmachen. Nach
zwei Jahren hat es ihm leider wieder gereicht, er musste was
andres machen, weiter schauen. Nach seinen Plänen befragt,
sagte er: „Keine Ahnung. Erst mal muss ich raus hier."
Wir freilich wollen immer rein, wenn der Hube auftritt.

(1999)

Erste Auflage 2009
Alle Rechte vorbehalten
© Frantz-Semmelroch Verlag GmbH Kulmbach
Umschlaggestaltung: Werner Froemel
Satz: Thomas Winkler
Druck: Konrad A. Holtz AG Neudrossenfeld
www.frantz-semmelroch.de
ISBN 978-3-941219-01-4

Semmelroch

Werner Froemel, Elbnacht – Erzählungen

Froemel ... tastet sich durch ein Erinnern an Angst und Schrecken, an desertierende Flucht, Schießen und Töten. „Elbnacht" – so der Titel seiner zwischen Nacht und Nebel, hellem Sonnenlicht und dem Dunkel des Gewissens changierenden Erzählungen – ist ein kraftvoller, in allen seinen Skrupeln packender Erzählband, dessen bildstarker Poesie man anmerkt, dass sein Autor zugleich ein ausdrucksstarker Maler ist.
Bayerischer Rundfunk

Froemel erzählt, was wir nicht hören wollen, auch wenn er sich bewusst wurde, wie vergeblich das wohl letztlich ist.
Nürnberger Nachrichten

Der Autor Werner Froemel erinnert an eine Jugend, die nicht wissen konnte, daß sie Zeit ihres Lebens verurteilt war, am Pfahl ihres Krieges zu leben, der ihnen keine Zeit zumaß, Soldat zu werden. Sie töteten, bevor sie töten konnten. Von der Anziehungskraft des Krieges erfasst, erstarrten sie in seinen Bildern.

Elbnacht - Erzählungen
Kulmbach 2008   140 S.
gebunden   21,80 €
ISBN 978-3-941219-00-7

Elbnacht – Erzählung
Ins Russische von
Svetlana Jaremko-Wöß
und Marina Baag
Kulmbach 2009, 28 S.
geheftet   2,50 €
ISBN 978-3-941219-02-1

Elbnacht – Erzählung
Kulmbach 2009, 28 S.
geheftet 2,50 €
ISBN 978-3-941219-03-8

Zu beziehen über den Buchhandel oder direkt beim Verlag
semmelroch-verlag.de oder **Marktplatz 4, 95326 Kulmbach**